教科書指導ハンドブック

新版 小学校二学年 国語の授業

光村版

西郷竹彦 監修・文芸教育研究協議会 編集

新読書社

はじめに――教科書教材による「ものの見方・考え方」を育てる国語の授業

これまで文部科学省のかかげてきた国語科教育の目標は、時により若干の異同はありましたが、文章表現の内容がわかる力、つまり読解力を育てること、という目的は今日に至るまで終始変わりません。もちろん、読解力の向上それ自身は望ましいことには違いありません。しかし、そのことに終始してきたことの結果として、子どもたちの「ものごとの本質・人間の真実を認識する力」は、まことに憂うべき状態にあります。たとえば、あらゆる対策が講じられてきたにもかかわらず、校内における、また地域社会における「いじめ」の問題は、依然として憂慮すべき状態にあります。

何よりも、肝心なことは、国語教育も他の教科教育と同様、「ものごとの本質・法則・真理・真実・価値・意味」などの体系的認識の力を育てることにあります。「人間のわかる人間を育てる教育」をこそめざすべきであるのです。まさに人間の真実を語る文芸こそが、人間についての豊かな、深い認識を育てるための唯一の教材となるものです。他の教科教育をもって代行できるものではありません。だからこそ文科省の文芸教育の軽視は、結果として教育の荒廃を招くもととなったのです。

私どもは、「人間のわかる人間」を育てるために「ものの見方・考え方」（認識の方法）を、発達段階に即して指導していくことをめざしています。『学習指導要領』が言語事項を軸にして系統化を考えているのに対して、私どもは認識の方法を軸にした系統化を考えています。つまり、説明文教材や文芸教材だけでなく、作文・読書・言語・文法などの領域もすべて、認識の方法を軸にして互いに関連づけて指導するわけです。

このような関連・系統指導の考え方に立って、どのような国語の授業を展開すればいいかを試みました。もちろん現行の教科書は『学習指導要領』に基づいて編集されておりますから、私どもの主張との間に、あれこれの食い違いやずれのあるのは当然であります。しかし、本書では、できるだけ子どもの「ものの見方・考え方」を関連・系統的に教え育てていく立場で、それぞれの教材をどのように教材研究し、授業を展開すればいいかを解説しています。

なお、国語を「ものの見方・考え方」を軸にした系統指導することによって、それが土台になり、すべての教科を関連づけることが可能となります。国語科で学んださまざまな「ものの見方・考え方」は、各教科を横断・総合するということもありますが、むしろ、国語科などで学びとったいろいろな「ものの見方・考え方」を、対象にあわせて組み合わせるところにこそ、本当の意味での「総合」があるのです。

国語科の指導にあたっては、体系的な西郷文芸学の理論と方法を教育的認識論をもとに、過去半世紀にわたり研鑽を積み重ねてきました。その豊かな経験をもとに、私どもは、「文芸の授業」や「詩の授業」「説明文の授業」などの場を通して実践・研究の成果を世に問うてきました。この『教科書指導ハンドブック』（略称『指導ハンドブック』）もその企画の一つです。

『指導ハンドブック』は、六割以上のシェアをもつ光村図書の教科書をどのような観点で指導したらいいのか、そのポイントを具体的に、わかりやすくまとめたものです。幸いこれまで出されてきたものも好評でした。今回の教科書の改訂で教材の変更がありました。そのため、『指導ハンドブック』も部分的に手を入れたものを出すことになりました。教科書をかたわらに置いて本書をお読みくだされば、「ものの見方・考え方」を育てる関連・系統指導の内容を具体的に理解していただけるものと確信しております。

企画から刊行まで、新読書社の伊集院郁夫氏のひとかたならぬご協力をいただきました。ありがとうございました。

二〇一五年四月

文芸教育研究協議会会長　**西郷　竹彦**

光村版・教科書指導ハンドブック　新版　小学校三学年・国語の授業／目　次

第三章●三年の国語で何を教えるか 45

下巻

【凡例】

1　本書は、西郷竹彦文芸研会長が確立した文芸学理論と教育的認識論をもとに文芸教育研究協議会（以下「文芸研」と略称）の実践者・研究者によって著された。

2　本書は、平成27年度用光村図書小学校国語科用教科書に掲載された教材の指導の参考に資するために著された。

3　本書の主たる参考文献は、『西郷竹彦文芸・教育全集』（恒文社）であるが、必要に応じて各項の最後に関連参考文献を載せた。

4　各学年の国語科指導全般にわたる課題を「中学年の国語でどんな力を育てるか」「教材分析・指導にあたって」で解説した。

5　具体的な指導のイメージを理解してもらうために指導案例と板書例を載せた。

6　『西郷竹彦文芸・教育全集15巻』（恒文社）は『全集15巻』と略称し、『最新版西郷竹彦教科書指導ハンドブック小学校中学年・国語の授業』〈西郷竹彦著・明治図書〉は、旧『指導ハンドブック中学年』とした。

7　教科書引用文は〈　〉に入れた。一般引用文は「　」に入れた。

8　西郷文芸学理論による用語は《　》で表したが、一般的に使われている用語でも西郷文芸学理論による意味と異なる場合は《　》を使っているところがある。

9　西郷文芸学理論や教育的認識論の用語が記述されたところで必要なものは太字にした。

10　各項目単独でも利用できるようにするため、他の項目と重複した内容になっているところがある。

第一章

中学年の国語で　どんな力を育てるか

この本を出版した趣旨について説明しておきます。観点といってもいいでしょう。私ども文芸研は、長年にわたって、「認識と表現の力を育てるための関連・系統指導」を主張してきました。一年ではどういう認識・表現の力をつけるのか、二年では……、三年では……と、一年から六年まで、さらに中学・高校へと関連・系統指導することになります。ここでは、小学校一年から六年までの各学年の中心課題を明確にしていきたいと思います。つまり、小学校の各学年でどういう認識・表現の力を育てるかということを課題にします。

❶関連・系統指導でどんな力を育てるか

人間および人間をとりまくさまざまなものごと（世界と言ってもいい）、その真実、本質、価値、意味をわかることを「認識」と言います。

「わかる」ためには「わかり方」を教えるのであって、そのわかり方は、普通「ものの見方・考え方」と言います。

「ものをよく見なさい。」とか「しっかり考えなさい。」と言っても、どこを見たらいいのか、どのように考えることがしっかりよく見て考えることなのかを子どもたちは知りません。だから、学校で私たち教師が、小学校一年生から、一番大切なものの見方・考え方（認識の方法と言います）を具体的な教材を使って、「教材で」教えていく、学ばせていくことになります。

そして「教材で」人間とはこういうものだという、人間の本質とか真実をわからせます。これを「認識の内容」と言います。これらが国語の授業で学ばせることです。

つまり、国語科で学ぶことの一つは、言葉を通して、人間やものごとの本質や価値を学ぶ（認識の内容を学ぶ）ことです。もう一つは、「ものの見方・考え方」（わかり方＝認識の仕方、認識の方法）を同時に学ぶことです。この両面を学ぶことが大事なのです。書いてある中身からわかったことの蓄積は「認識の力」になります。しかし、もう一つ忘れてならないことは、わかり方を同時にわからせ、身につけさせていくことです。認識の方法と認識の内容の両面がともに大事なのです。

認識の方法
認識の内容 ｝ **認識の力**

認識の方法とは「わかり方」あるいは「ものの見方・考え方」であり、認識の内容とは「わかったこと」で、それは「知識」としてたくわえられ、思想を形成します。

ところで、認識の方法（わかり方）を学ぶことは、同時に表現の方法（わからせ方）を学ぶことでもあるのです。もっとも表現の方法は、これまでの読解指導においても不十分ではありますが、一応は教えてきました。しかし、人間の本質・人間の真実、ものごとの本質・価値・

意味をとらえて表現することが本当の表現の力なのです。ですから、本当の表現の方法は認識の方法と表裏一体のものとして学ばせなければなりません。

系統指導は、認識の内容を系統化するのではなく、認識の方法を系統的に指導することです。認識・表現の方法を、一年から系統化して指導していくことになります。

系統化ということは、前と後とがつながりがあるということです。それから、ただつながっているというだけではなくて、前に対して後のほうがより一段高まっているということです。この「つながり」と「たかまり」があって、小学校六年間で子どもの認識の力が系統的に育てあげられることになります。

❷国語科で育てる力

ここで、国語科ではどんな力を育てるかをはっきりさせておきたいと思います。理科や社会科と比べてみればはっきりすることです。理科は自然について（つまり、自然を認識の対象として）、その本質や法則を認識させる教科です。自然認識の力を育てる教科です。社会科は社会や歴史などを対象として、その本質や法則や意味を認識させる教科、つまり社会・歴史認識の力を育てる教科です。

では、国語科は何をするのかと言いますと、まず何よりも人間と人間をとりまく世界を認識させることです。もう一つは、言葉、表現そのものの本質・価値・意味を認識させることです。この二つがあります。

もちろん、理科で、自然認識の力を育てるというとき、自然とはこういうものだという認識の内容を教えると同時に、自然のわかり方も教えます。たとえば、実験や観察は、科学的な認識の方法の基本的なものの一つです。この認識の方法と認識の内容の両面を理科で教えていきます。また、社会科でも社会や歴史とはこういうものだという認識の内容を教えるだけでなく、社会科学的な認識の方法も同時に教えていきます。

国語科も同じです。ことばとは、人間とはどういうものかという、ものごとの本質をわからせていく（認識の内容をふくらませていく）と同時に、そのわかり方（認識の方法）を系統的に教えていきます。ひと言で言えば、教科教育の基本は認識だと言えます。

理科、社会科の場合には、表現の力を特にとりたてて問題にしませんが、国語科の場合には、認識の力を育てることと裏表に、表現の力を育てる課題が付け加わってきます。

❸自主編成の立場で

長年、私どもの運動の中で自主編成が言われてきました。自主編成というのは、教師が自ら教材を選ぶということです。教材を選ぶ主体は国民です。具体的には教師です。ですから、教科書があるからそれを使うというのではなく、その子どもにどんな力をつけるかという観点で、必要な教材を選ぶということです。

④中学年で育てる力

私たち文芸研が主張する関連・系統指導の観点で教材研究すれば、どういうことになるかを一七頁に掲げている関連・系統指導案で考えてみたいと思います。その前に、三・四年でどんな認識と表現の力を育てるかということについて、整理をしておきます。当然、それは、一・二年で育ててきた力をふまえて、そのうえに立ってということになります。

◇一・二年の課題――比較と順序、理由

まず、低学年の基本課題は、観点を決めて、そして**比較**するという「ものの見方・考え方」**（認識の方法）**を育てることです。それには、同じようなところを見る**類比**と、違いに目をつける**対比**があります。この二つの「ものの見方・考え方」が、基本になりますから、一年では、まず類比・対比を重点にして教えます。

次に、ものごとを順序立てて見たり、考えたり、話したり、書いたりする**順序**・**過程**にものを見ること、**プロセス**としてものごとを見ることを教えます。すると、当然そこに変化・発展

関連・系統指導案（小学校の中心課題）

←――― 高（1〜10）―――→

←――― 中（1〜6）―――→

←― 低（1〜3）―→

0　**観点**　目的意識・問題意識・価値意識
　真・偽　ほんと―うそ
　善・悪　いいこと―わるいこと
　美・醜　きれい―きたない
　有用・無用　やくにたつ―やくにたたない

1　**比較**（分析・総合）
　類似性―**類比**（反復）
　相違性―**対比**

2　**順序**　過程・展開・変化・発展
　時間・空間・因果・心情・思考・論理・意味

3　**理由・原因・根拠**

4　**類別**（分類・区別・特徴）
　特殊・具体 ⇅ 一般・普遍
　全体と部分

5　**条件・仮定・予想**

6　**構造**（形態）**・関係・機能・還元**

7　**選択**（効果・工夫）**・変換**

8　**仮説・模式**

9　**関連・相関・連鎖・連環・類推**

10　**相補**

（西郷試案2の2）

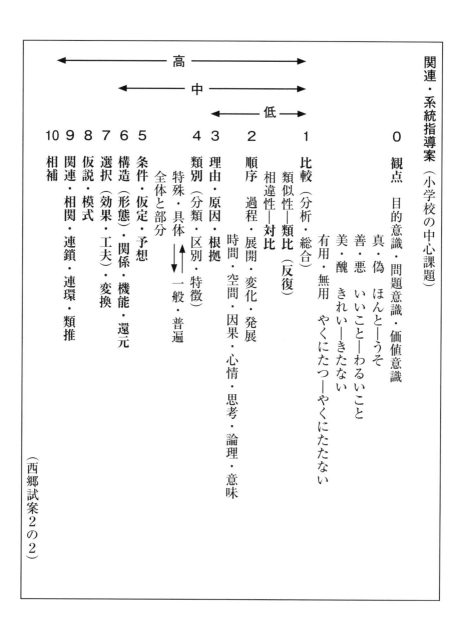

ということが出てきます。この順序・過程・展開が二つ目の大切な認識の方法です。それから、ものごとの**わけ**（**理由・原因・根拠**）を学ばせます。

◇三年で育てる力

三年になると、ものごとを**類別**する力、区別する、分類する、まとめる、分ける力を育てます。さらに、ものごとを**条件的**に見る、**仮定的**に見る見方・考え方を教えることが、中心課題になります。

◉類別する力を育てる

類別は普通、分類とか区別と言いますが、特徴をつかんで分ける、あるいはまとめることです。分ける、まとめることは裏表の関係にあります。類別する場合でも、当然**観点**を決めて**類別**します。

三年生で学ばせたい類別には、どんなものがあるでしょうか。表現にかかわって言えば、ひらがな、カタカナ、漢字、ローマ字を類別します。また、類別するだけでなくて、それらの特徴、特色をつかんで使い分ける、書き分ける、読み分けることも入ってきます。語のレベルで言うと、熟語、複合語とか方言、共通語、類義語、対義語があります。文のレベルで言うと、主語・述語・修飾語が類別できねばなりません。また、尋ねる文と答える文、それから、敬体の文と常体の文という類別の仕方もあります。文章の類別では、説明文、文芸に、さらに文芸の文章は、昔話、童話、歴史物語とジャンルという観点で分けられます。

類別は、そのものの特徴をとらえることです。「むかし、あるところに、じいさまとばあさまがありました。」という語り出しがあれば、昔話だという特徴をとらえることができてはじめて類別することができるのです。

一・二年の物語文の学習で、**話者**と**人物**と**作者**と**読者**は、類別できるはずです。それができますと「話者のことば」と「人物のことば」を類別することができます。人物のことばは「　」に入っているという特徴を押さえればできます。話者のことばは、「人物の様子を語っているところ」、「周りの様子について語っているところ」、「人物の気持ちを語っているところ」と類別できます。それから、段落（まとまり）については、「誰について話者が語っているところ」か、「何について語っているところ（話題）か」について類別できることも大切です。これらは、三年になるまでにおおむねできなくてはならないことです。また、文章表現で使う基本的な記号のうち、三年までに学習するものは、句点（。）と読点（、）と「　」です。

説明文の場合も同じです。類別できることが大前提となって、三年生から始まる「ここに何が書いてあるか」という要点をとらえることができるのです。要点をとらえることは、類別する力が前提となります。つまり、この段階は、「誰のことを語っているのか」、「何のことを語っているのか」という話題を後先の段落と比べて類別できないと、要点をまとめることはできません。たとえできたとしても、要点を正しくまとめたことにはなりません。説明文の指導のところで、「まとまり（段落）」といった用語が出てきます。類別するためには、用語をある程度学び、そしてその用語の定義、その用語が何を意味するかが、わかっていることが必要になります。

このように**類別**することは、**分ける・まとめる・特徴をつかむ**ということです。

◉なぜ、三年生に類別か

では、なぜ三年に類別が課題として設定されたかについてふれたいと思います。

類別できるためには、その前提として少なくとも子どもたちが、ある程度の知識経験をもっていなくてはなりません。三、四年という段階は、いろいろなことを知識として知ってきたという段階で、類別するための前提条件がある程度できています。たとえば、文芸教材に限って言えば、すでに昔話も童話もリアルな短編小説という基本的な文芸のジャンルのいくつかを、三年までには学習してきているという状況があります。それは、類別するための下ごしらえが、すでにある程度できているということです。三年で、もう一度はっきりと類別する学習をさせることで、類別の知識を確実なものにしていくことができます。

しかも、三・四年生というのは、非常に知識欲旺盛で、いろいろなものを見たがり、知りたがりますそういう意味では、この類別という認識の方法を学ばせるにはうってつけの心理的発達の段階といえます。

◉条件・仮定・予想する力を育てる

ものごとを認識・表現するときに、**条件的**にものを見る力は三年生の大切な認識方法です。

条件には、**主体的な条件**と**客体的な条件**があります。客体的条件というのは**状況的条件**とも言います。たとえば生物を例にとると、まず、主体の条件は、種でいえば種そのものの内的な条件です。次に、その生物にとっての自然とか環境といった状況的条件があります。種が生きているだけでは発芽しません。発芽するためには、水、適当な温度、そして空気が絶対に欠かせません。これを**必要にして十分な条件**と言います。発芽の条件と言ってもいいでしょう。

条件的にものを見ることをわかりやすく言うと、「人による」、「ものによる」、「時による」「場合による」ということです。相手によるとも言えます。これは、外的な条件です。たとえば、子どもがよく「先生はこの間、これをやってもよいと言ったじゃないか。どうして今日は悪いの。」と言います。先生は「あの時はあの時だ。今日は今日だ。」と言います。この例では、子どもは条件を抜きにして、ものを見ているのです。先生は条件をもとにして、ものを見ていることになります。これは、時と場合による外的条件・状況的条件のひとつの例です。

主体の条件というのは、「……だからこそ」ということです。「母親は母親だからこそ、そういうことを言ったりしたりするのだ。」というように、「母親というものは」「母親だからこそ」と母親の特質、特性という見方をしますが、これもやはり条件です。

条件には、必要な条件、十分な条件があります。それからまた、変革可能な条件、不可能な条件というものもあります。マイナスの条件をプラスの条件に変換するという問題も、人間の生き方の中には出てきます。条件の中には、基本的な条件、不可欠な条件、「○○が△△として成立する条件」という問題もあります。

◇四年で育てる力

◉四年の課題―構造・関係・機能

四年の中心課題は、ものごとを**構造的・関係的・機能的**に見たり、考えたりすることです。すべてのものごとには、構造（つくり）があり、関係（つながり）があり、機能（はたらき）があります。文章にも、社会にも、自然にも、森羅万象のものごとには、構造・関係・機能があります。ものごとを構造・関係・機能で見る、考えることができる力を育てることが四年で中心に学ばせたい認識の方法です。

◉違う領域の横の関連を押さえる

教科書を開くと、いろいろな領域が詰め合わせになっています。いろいろな領域が、関連づけられることもなく、ばらばらに指導されています。ばらばらでは困るので、文部科学省では言語事項を軸にして系統化して、各学年の領域を一本化しようと試みています。言語事項とは、文字の指導や文法指導のことです。

しかし、文芸研では、すべての領域を言語事項でつなぐのではなく、**「ものの見方・考え方」〈認識の方法〉**で各領域をつなぎます。幸い説明文でも、物語文でも、作文でも、全領域を認識の方法を軸にして、関連づけることができます。

たとえば構造的・関係的・機能的にものをみる力を説明文で育てると、物語や作文、言語事項、文法の中でも関連づけ、とりたてて指導することになります。

◉教科書をどう見るか

残念なことに、現在の教科書は、認識の方法を軸にする考え方に基づいて企画・編集されている教科書ではありません。文部科学省のいう言語事項を中心として系統化するという考え方で企画・編集された教科書ですから、私どもが考えるような教科書にはなっていません。たとえば、中学年から古典━俳句・和歌━が出てきます。古典は高学年、中学で扱うべきものです。

認識の方法を系統的に教えるには、扱いにくいところ、非常に不都合なところがあります。しかし、これは現状としては、いたしかたないことです。しかも教科書を使って授業をするということが建て前であり、現状ですから、せめて子どもたちのものの見方・考え方を育てるという立場で、教科書をできるだけ生かして使ってください。

第二章

教材分析・指導にあたって

❶視点について

◇視点人物と対象人物

すべての文芸作品は、①だれの目から描いてあるか、②どこから描いてあるか、という視点があります。

話者（語り手）はいつでも人物をわきから《外の目》で見て語っています。しかし、時にはある人物の目と心で、《内の目》で見ることもあります。どの程度の重なり方があるかで、①〜の側から、②〜に寄りそう、③〜に重なる、という違いがあります。

話者（語り手）が《内の目》で見て語るほうの人物を視点人物と言います。見られるほうの人物を対象人物と言います。

視点人物と対象人物には、表現のうえで違いがあり、また読者のとらえ方も違ってきます。

（左の表を参照のこと）

人物	心・姿	表現	読者
視点人物（見る側）	心（内面）	よく描かれている	よくわかる
	姿（外面）	とらえにくい	よくわからない
対象人物（見られる側）	心（内面）	とらえにくい	よくわからない 会話や行動で推測できる
	姿（外面）	よく描かれている	よくわかる

◇同化体験・異化体験・共体験

《内の目》で視点人物と同じ気持ちになった読みを《同化体験》と言います。《外の目》で視点人物も対象人物も評価する読みを《異化体験》と言います。《同化体験》と《異化体験》をないまぜにした読みを《共体験》と言います。《共体験》で、より切実な深い読みができます。

◇視角

話者の《外の目》がある人物の《内の目》によりそい、重なったとき、それをその人物の視角から語ると言います。

❷西郷文芸学における《美と真実》とは

◇自然の美と芸術の美

花が美しいとか、きれいな夕焼けとか、あるいは心の美しさというときの《美》を、自然の美、素材・題材の美といいます。絵画や彫刻、音楽、演劇、文芸など芸術における美は、美しいとか、きれいというのではなく、むしろ、おもしろいとか、味わい、趣きというべきものでありましょう。これらを芸術における美、あるいは虚構における美、略して虚構の美と呼んでいます。

◇虚構（文芸）の美

文芸の美は、素材・題材の美しさと直接には関係がありません。ありふれた、あるいは醜いものでも、文芸において表現されたものは、独特の味わい、おもしろさをもっています。芸術は素材の美醜にかかわらず、虚構の方法によって虚構の美（芸術の美）を創造します。なお、虚構の美を西郷文芸学では、「異質な（あるいは異次元の）矛盾するものを止揚・統合する弁証法的構造の体験・認識、表現・創造」と定義しています。

料理にたとえると、甘さと酸っぱさという異質なものをひとつにとけあわせた風味（美味）といえましょう。

◇美の相関説

花が美しいというとき、花そのものに美があると考える立場を美の客観説といいます。花を美しいと思う人間の心に美があるとするものを美の主観説といいます。西郷文芸学においては、主観（視点）と客観（対象）のかかわりかたに美があるという相関説を主張しています。光と物と影にたとえると、光（主観）と物（客観）との相関関係によって影（美）を生ずるというわけです。光と物は実体概念ですが、影（美）は関係概念です。

美が相関的であるということは、読者の主体性が問題になるというわけです。

◇美の発見・創造

美とはあるものではありません。読者が見出し、つくりだすものです。読者が主体的に文芸作品と「対話」して、そこから発見、創造するものです。文芸（虚構の世界）とは、読者も創造（虚構）する世界であるといえましょう。

◇美の体験・認識

美というものは、まず体験されるものです。美の体験は、感動をもたらします。文芸作品の虚構の構造（美の弁証法的構造という）を読者が明らかにしたとき、それは美の認識といいます。美の認識は、さらに美の感動（体験）を深めるものとなります。

◇美のカテゴリー

美というものは、さまざまです。料理の味にいろいろあるように、文芸の味わい（美）もまた多種多様なのです。ユーモアもペーソスも美の一種です。俳諧における「わび・さび・しをり・かるみ」なども美のカテゴリーにはいります。

◇美と真実

ドイツの国民的詩人といわれるゲーテは、「詩における美と真実」という有名なことばを残しています。すべて、すぐれた文芸というものは、人間の真実を美として表現するものです。真実にはいろいろあります。たとえば、親が子を慈しむのは、親という人間の真実です。真実とは人間普遍のものです。

真実とは、読者が「なるほど、わかる」と実感できるものです。共感できるものです。そのことを人間普遍の真実といいます。

そして、そのような真実がおもしろい、味わい深いと感じられたとすれば、それは真実が美として表現されているといいます。

真実――なるほど

美――おもしろい

すぐれた文芸は、「なるほど・おもしろい」というものとしてあるといえましょう。そのことを「花（美）も実（真実）もある」とたとえています。

ところで、《美と真実》といえば、美と真実が二つ別個にあるように誤解されがちですが、美と真実は表裏一体のものです。表あっての裏、裏なき表はない――ということです。真実のありようが美なのです。美として体験していることが実は真実なのです。

◇美と真実の教育

文芸教育は他の教科教育と相まって人間観・世界観を育てる教育であり、それを美と真実の教育というありかたで実現するものです。芸術教育はつねに《美》が問題となることを忘れてはなりません。わが国の教育では、《美》の教育が軽視されてきました。知の教育に偏ってきました。いまこそ美と真実の教育を中心にすえるべきだと思います。

文芸教育において《美と真実》は究極のテーマといえましょう。

❸ 西郷文芸学における《虚構》とは

◇虚構とは何か

本シリーズでは《虚構》という用語が使われています。世間一般でも「虚構」という用語はよく見られる用語です。しかし、そこでの「虚構」は、「つくりごと」とか「つくりばなし」、あるいは「フィクション」という意味で使われています。それは世間一般の通念としての「虚構」の考え方です。

西郷文芸学では、「文芸とはことばの芸術であって、虚構である」と言っています。その場合の《虚構》とは、「現実をふまえて、現実をこえる世界」のことです。ですから世間一般の「虚構」の考え方とは、ずいぶん違っています。詩や俳句、短歌、物語、小説などすべてを《虚構》と言います。

◇虚構の世界

《虚構の世界》とは、日常的な常識的な意味をこえた、非日常的な、反常識的な深い思想的な意味が発見される、あるいは創造される世界のことです。これは、《虚構の世界》をつくる大事な目的なのです。《虚構》は、自分や世界を日常的な目で見るだけでなく、《虚構の目》、文芸の目で見ることによって日常のなかに深い意味を見つけ出す力をもっています。またそのような働きをもっています。つまり、《虚構》は未来を先取りすることや、理想を先取りすることができるのです。だから現実を批判する、文明批評という機能・はたらきをすることになるのです。

◇虚構の方法

文芸作品には《虚構の世界》をつくるために、いろいろな**《虚構の方法》**が使われています。《虚構の方法》とは、現実を再構築する方法です。現実とは、日常とか常識と言い換えることができます。そのような現実をふまえながら日常や常識をこえた世界、現実をこえた《虚構の世界》をつくる方法を《虚構の方法》と言っています。比喩も一つの《虚構の方法》です。視点、構成もそうです。その他、類比・対比といった認識の方法なども《虚構の方法》です。

◇読者も虚構する

現実は私たちの肉眼で見えますが、私たちの目では見えないものもあります。それを見るために《虚構の方法》があります。それを比喩的に**《虚構の目》**と呼んでいます。文芸の世界、《虚構の世界》とは、作者が《虚構の方法》を使ってつくりますが、読者はそういう文芸作品を相手取って、読者もまた作品の世界を自分自身の読み方で読むことになります。それを「主体的な読み」と言っています。《虚構の世界》は作品の内部にあるのではなく、読者が主体的にその作品と切り結んだときに、読者と作品のあいだに生まれてくる世界です。これが《虚構の世界》なのです。それを西郷文芸学では、**「読者も虚構する」**「読者も創造する」と言っています。また、そういう読みこそが本当の「主体的な読み」になります。

読者が作品を《虚構の世界》としてとらえなければ、これは単なる文章を読んだだけのことであって、そこから深い意味を見出すことはできません。主体的に読むことで読者が逆に自分自身を批判して、乗りこえていくという可能性も出てきます。

４「単元を貫く言語活動」について

◇「単元を貫く言語活動」の縛り

改訂学習指導要領で「言語活動」が全教科で重視（前学習指導要領では「内容の取扱い」として例示されていたのが、指導事項として格上げ）され、とりわけ国語科では「単元を貫く言語活動」が強く押し出され、教科書・学力テスト・各種官制研修を通してその徹底が図られています。地域によっては指導案にも「単元を貫く言語活動」を細かく指示しているものもあります。「指導すべき項目」として格上げされた言語活動例――観察・実験やレポートの作成、記録・要約・引用・説明・論述・編集などの言語活動例が示され、多くの時間を割くようになりました。

学習指導要領の改訂のたび言語操作・技術主義の学習活動が増え、言語と生活の分離に拍車がかかり、子どもたちのことばの力（伝達、想像、認識・思考、表現・創造）を伸ばすことによって人間的成長をめざしていくという国語教育本来の目標からますます離れていくことに、私たちは警鐘を鳴らしてきました。

全国一斉学力テストの出題問題をみても、「読むこと」「書くこと」のどんな力が国語の学力として誘導されようとしているのかが読み取れます。非連続型テキストの「読解」「表現」として「読まない文芸・説明文教育」「書かない作文教育」の方向に授業が明らかに誘導されています。そこには、戦後日本の教師たちが理論的実践的に創造してきた現実認識を育て、人間的発達と密接にかかわるところの文芸教育・作文教育を含む国語教育全体を貫く背景をも取り去ろうとしていることは大きな問題です。

文芸教材や説明文教材の読みに時間をかけないで（「ざっくり読み」なる言葉が登場しました）、さまざまな言語活動が学習の中心となる学習風景が広がっています。言語活動例をあらかじめ示し、その動機づけに教材を扱う「単元構成学習」も教材の読みを丁寧に扱わないという点では同様です。

国語の授業で一番時間をかけなければならないのは、日本語そのもの（表記・文法・語彙・発音など）の教育と「読むこと」「書くこと」の領域です。文芸教育、科学的説明文・論説文の指導、作文教育こそ系統的な指導が必要なのです。

◇全国一斉学力テストと国語教科構造・内容の変質

全国学力テストが実施された結果、国語の教科構造・内容の強引な変更が行われました。「伝え合う力」の強調と実践の形式主義の広がりの後は、「活用力」です。「思考・判断・表現」を活用型学力とし、ＰＩＳＡ型学力調査に対応しようとしました。学力を基礎基本の習得（Ａ問題）と活用力（Ｂ問題）の二段階に分けて示しています。今までの学力テストの問題でも明らかなように、非連続型テキストの読解・討論・要約・推薦などの言語活動が具体的な問題として出題されました。

学習指導要領では、国語を三領域一事項―「A話すこと・聞くこと」「B書くこと」「C読むこと」と「伝統的な言語文化と国語の特質に関する事項」―とし、各学年相応の時間を配分しているにもかかわらず、学力テストの「C読むこと」の出題では、いわゆる説明文や物語文の読解の力をみる設問は皆無に等しいのです。「B書くこと」も要約が中心であり生活作文はもちろん登場しません。

「活用」とは場面設定を卑近な生活次元におろし、実用的な「言語処理能力」に狭めたものになっています。そもそもPISAなどの学力調査で指摘されたのは「主体的に理解し、主体的に表現できない」日本の子どもたちの問題でした。「知識基盤社会」の中で、国際競争力をどう確保するのかという人材育成の発想にとどまっており、結局教育を国家的・経済的視点からしか発想せず、平和と民主主義の発達、そして個人の生涯にわたる発達保障という視点が決定的に欠けています。

「活用力」の中身の「思考・判断・表現力」そのものには異論はありません。私たちも日々の教育活動で子どもたちに「思考・判断・表現力」、換言すれば《認識と表現の力》をつけたいと考えています。学習指導要領で「理解と表現」といっていた時代から、文芸研では《ものごとの本質や人間の真実を認識し表現する力を育てる》ことを主張し、国語の全領域を串刺しにした関連・系統指導（認識方法による関連・系統化）で実践を積み上げてきました。本書も《ものの見方・考え方》（認識方法）を育てる国語の授業づくりという観点で編集されています。

5「伝統的な言語文化」の登場とその扱い

◇学習指導要領・国語の特徴

学習指導要領・国語は、戦後一貫して実用主義、言語活動主義の延長線上にあり、「話す・聞く」「読む」「書く」という言語活動の場面を三領域として設定し、その方向性は今改訂でも踏襲されています。しかし、従来の「言語事項」が「伝統的な言語文化と国語の特質に関する事項」に変えられ、「改正」教育基本法や「改正」学校教育法の伝統・文化の尊重、国を愛する態度（愛国心）の育成を反映したものになりました。

◇発達段階をふまえたものになっているか

小学校一・二年では、「昔話や神話・伝承など」が、三・四年では「易しい文語調の短歌や俳句」の「音読・暗唱」、「ことわざ・故事成語」の「意味を知り、使うこと」が、五、六年では「親しみやすい古文や漢文、近代以降の文語調の文章について、内容の大体を知り、音読すること」が述べられています。三・四年の短歌・俳句は、従来は高学年で扱っていたものであり、五・六年の教材を見るとほとんどが中学校用教科書で従来扱われていたものです。

◇音読・暗唱中心の問題点

共通することは、内容の理解よりも音読・暗唱中心で、声に出して読むことでリズムや響きを身体で感じ取らせようとしていることです。「伝統文化の理解は古典の学びから……日本語という言語体系そのものが日本の文化の象徴であることにも気づかせたい」（梶田叡一・中央教育審議会委員）という意図がわかります。日本語の美しさ・優秀さを強調し、愛国心・民族意識を涵養しようとしているといえます。音読・暗唱の教育的意義をすべて否定するものではありませんが、戦前・戦中の教育勅語や歴代天皇名の暗唱に代表される鍛錬主義には、抑制的であるべきです。

◇どのような扱いをすればいいのか

「説明」「報告」「メモ」「提案」「手紙」「記録」などの言語活動を扱う単元が増え、さらに「伝統的な言語文化」の増加で、限られた時間の中では、どう考えても詰め込み教育にならざるを得ません。「詰め込み」ではという批判に対して、「個々の児童生徒の理解の程度に応じた指導への転換を」と文部科学省は強調していますが、学習上の格差が拡大するのは明らかです。では、実際、子どもたちの力をつけるために教室ではどうするかです。それは、結論的に言うと、子どもの発達段階をこえた教材には多くの時間をかけないで紹介的に済ませるということです。文芸や説明文、作文指導に多くの時間をあてるといいでしょう。短歌や俳句などは、従来どおり高学年で鑑賞指導も含めて文芸教育として丁寧に扱ってほしいと思います。

❻ 文芸の授業をどのように進めればいいのか

文芸研では、導入の段階としての《だんどり》、展開の段階としての《とおしよみ》《まとめよみ》、整理の段階としての《まとめ》という授業段階を考えています。

◇《だんどり》の段階

授業の《ねらい》を達成するために必要な生活経験の思い起こしをさせたり、作者や作品の背景についての予備知識を与えたりして、学習に興味をもたせ、読みの構えをつくります。

◇《とおしよみ》の段階

この中には《ひとりよみ》《よみきかせ》《はじめのかんそう》《たしかめよみ》があります。

ここでは、イメージの筋に沿って、その場に居合わせるように、ある人物の身になってわがことのように、また、わきからそれらの人物をながめるようにさまざまに《共体験》させます。

この《たしかめよみ》に一番多くの時間をかけます。

ここで大切なことは、《ねらい》に沿って切実な文芸体験をするために視点をふまえたイメージ化や表現方法、文法をきめ細かく血の通った形で学ばせることです。

◇《まとめよみ》の段階

《まとめよみ》では、《たしかめよみ》で学んだことをふまえて、人間の真実やものごとの本質・価値・意味（思想）をとらえさせます。また、作品から自分にとっての意味を見つけること（典型をめざす読み）、作者が作品世界や人間を表現している方法（虚構の方法）を学ぶことが課題になります。

◇《まとめ》の段階

《おわりのかんそう》を書かせたり、発表させたりして、学習をしめくくると同時に、《つづけよみ》などをして、関連づけて実践したい学習への橋渡しをします。

《だんどり》から《まとめ》までの指導＝学習過程で大事にしたいことは、授業の《ねらい》を一貫させることです。

7 読書指導について

◇読書の目的

読書には知識を豊かにするというほかにも大切なことがあります。それは、「人間観・世界観を学ぶ」ということです。

◇文芸の授業と読書の関係

読書指導の基礎になるのは、教師と子どもの集団で、確かさをふまえた、豊かで深い読みをする文芸の学習です。この中で子どもたちに文の本質、構造、方法などの基本的な知識を与え、あわせて文芸の正しい、豊かな読み方に習熟させます。そうすることによって意欲も生まれ、進んでさまざまなジャンル、テーマ、思想をもった作品に幅広く出合うことができるのです。深く学び広く読むことが、のぞましい読書指導です。

◇つづけよみ

ある観点でいくつかの作品を関連づけることによって、深い思想を生み出すことが期待できます。幼児や小学校の段階でも、授業の展開として絵本や短い作品数冊程度で《つづけよみ》させることができます。

《つづけよみ》では、同じ作家の作品を続けて読むことが多く見られます。一人の作家の世界をひとまとまりに知ることは、多くの作家の作品をばらばらに数多く読むということとは違った大きな意味があります。作家の考え・思想を深く学ぶことができます。

《つづけよみ》には、表現方法に着目して作家の共通する特徴をつかむ読み方もあります。同じ作家の場合、作品は異なっても、どこか共通する表現方法があります。構成や表現の仕方から作家の思想に近づくこともできます。小学校高学年にならないと難しいでしょう。

◇くらべよみ

《つづけよみ》の中に《くらべよみ》という方法があります。異なる作家が書いた作品で、題材やテーマが同じであっても違う考え方・切り口・表現方法（文体）をもった作品を比べながら読むやり方です。いくつかの作品の似ているところ、違うところを比べながら読むことにより一つひとつの作品では見えなかった深い意味を読みとることができます。

◇典型をめざす読み

作中の人物と自分とを重ね合わせて考える読みです。主人公の生き方と比べて自分をふり返る読み方をすることです。また、作品に描かれた状況を、読者が生きる今日の状況と重ねることも必要です。

◇読書記録

読書記録は、読書量を競うというより《つづけよみ》をして、考えを深めた自分のための記録です。

◇親子読書

経験の違う人と一つの作品を読み、とらえ方の違いを学ぶということもありますが、家族のつながりを深めることにも役立ちます。

第三章

三年の国語で何を教えるか

❶「どきん」（谷川俊太郎）

◇体験的に声喩のイメージをつくる

この詩の中には〈つるつる〉〈ゆらゆら〉などの**声喩**がたくさん出てきます。音でものごとの様子を「たとえ」たものを声喩と言います。教室では、声喩の部分をかくして、どんな声喩が入るか子どもたちと楽しみましょう。そうすることで、一つひとつの声喩のイメージを体験的にふくらますことができます。

◇作者・話者・人物

〈さわってみようかなあ〉と言っている人物は、作者の谷川俊太郎ではなく、作者が想定した**話者**です。詩の場合でも、お話を語っている人、話者（語り手）がいます。この詩の場合、登場する**人物**が話者と重なっています。ここでは仮に「ぼく」としておきましょう。では、「ぼく」はどのような人物だと思いますか。子どもたちとも「ぼく」の**人物像**を考えてみてください。

◇話者の「ぼく」はどんな人物か

「ぼく」が〈さわってみようかなあ〉と語っているのは、どうしてでしょう。それは、さわってみたくなるようなものがそこにあったからです。でも、さわってもいいのかなと思うようなものでしょう。さわってみるとそれは〈つるつる〉という感じがしました。いかにも気持ちよさそうな感じがします。この声喩が〈つるつる〉ではなく、「ざらざら」だったらどうだったでしょう。この子の好奇心はかき立てられなかったかもしれません。このように声喩には、ものごとの様子だけではなく、「ぼく」の気持ちも入っています。「ぼく」は〈つるつる〉と気持ちよかったからこそ、今度は押してみます。すると、〈ゆらゆら〉とゆれます。さらに押すと〈ぐらぐら〉します。どんどん好奇心が増していく人物の興奮が伝わってきます。でもやり過ぎて、倒れてしまいます。

二連では、さわってみることができ、押してみると動いて倒れてしまうようなものから、〈いんりょく〉や〈ちきゅう〉などずいぶんと大きな存在に気づく「ぼく」です。何か世の中の大事な問題を考えているようです。ところが、〈かぜもふいてる〉〈あるきはじめる〉と、また何でもない普通のことがらにかえっていきます。最後の行では〈だれかがふりむいた!〉ことで〈どきん〉となってしまいます。〈どきん〉となり、逃げ出してしまう「ぼく」なのでしょうか、だれかなと確かめなくてはすまない「ぼく」なのでしょうか。「ぼく」であれば、きっと後者ではないでしょうか。

前へ〈あるきはじめる〉と〈どきん〉となることはいっぱいあるでしょう。そのとき、何も見ようとすることなく逃げてしまうか、何かを見つけて世の中の大事な問題を考えようとするのかは自分次第です。何もしなければ、失敗もない代わりに何も起きません。倒れてしまうこと、失敗することを恐れず、やってみることで何かを発見できるかもしれません。そんなことを考えさせてくれる詩です。

〈どきん〉としたとき、自分だったらどうするか考えさせてもおもしろいと思います。三年のはじめの作品です。子どもたちは、「逃げ出す。」と答えるでしょうか、「知りたい。」と答えるでしょうか。

詩の解釈は、これしかないということではありません、どんな解釈がおもしろいかということです。さまざまなおもしろい解釈ができる詩です。おもしろい問いも考えることができます。

（福﨑健嗣）

【参考文献】声喩のおもしろさを味わうためには、『子どもと心を見つめる詩』（西郷竹彦編著・黎明書房）があります。「おと」（いけしずこ・工藤直子）「たべもの」（中江俊夫）などの詩を使って声喩の指導の解説が書かれています。

❷「きつつきの商売」（林原玉枝）

◇仕掛――先を読みたくさせる工夫

きつつきは、木をつつくことからつけられた名前です。きつつきが木に穴をあけて、中の幼虫をえさにして食べることはよく知られています。そんなきつつきの商売ですから、いったいどんな商売をすると言うのでしょうか。先が知りたくなります。題名にはそういった**仕掛**があるのです。そしてこの後にも、読者が先を読みたくなる多くの仕掛がありますから、それらを一緒に探してみましょう。

〈きつつきが、お店を開きました〉書き出しの文章です。どんな商売かとわくわくしながら読み進めますが、まだその内容はわかりません。さらに〈それはもう、きつつきにぴったりのお店です〉とありますが、何がどのようにぴったりのお店なのでしょう。ますますどんなお店なのか気になりますが、答えは後の文章に書かれています。題名からずっと仕掛が続いているのです。仕掛は、読者の興味関心を引くための作者の工夫です。仕掛を意識させることは、「対読者意識をもって作文を書く」という三年生からの課題にもつながります。このようなすぐれた文芸教材や説明文教材から、そのことを学ばせるといいでしょう。

おとやでは、〈できたての音、すてきないい音〉を売っています。これはいったい何でしょう。またここで疑問が出てきます。そのうえ〈四分音符一こにつき、どれでも百リル〉と、音の切り売りのようなことが始まります。百リルというのは、この森のお金の単位です。

〈「四分音符分、ちょうだい。」〉と、はじめのお客さんがやって来ました。きつつきは、〈「しょうちしました。では、どうぞこちらへ。」〉と、お店ではなく、どこかへ連れて行く様子です。きつつきは、〈「では。」〉と言って、〈コーン〉と力いっぱいたたきます。〈ぶなの森にこだま〉するほどの響きです。頼んだ野うさぎは〈だまって〉聞いていました。一体どんなにいい気分だったことでしょう。それだけでなく、きつつきも〈うっとり〉とするほどの音色なのです。〈四分音符よりも、うんと長い時間〉のあいだ、すばらしい時間を過ごしている二人が目に浮かぶようです。

ここで、〈コーン〉というように音声で喩えたことばを**声喩**と言います。一般には、擬声語・擬態語と言われていますが、両方をまとめて声喩という用語を使っていきます。外国語に比べて、日本語は声喩が大変豊かです。この物語にはたくさんの声喩が出てきますから、それらのイメージを出し合うのもいいですね。

さて、この「おとや」にはきつつきが登場します。姿形は鳥でも人間と同じように思ったり考えたり語ったりしていますから、きつつきはただの鳥ではなく、「きつつき」と「人間」のイメージを併せもった**人物（複合形象）**です。では、きつつきはどんな人物でしょうか。きつつきは〈森じゅうの木の中から、えりすぐりの木を見つけてきて〉看板をこしらえました。自分の仕事に手を抜かない、非常に仕事熱心な人物像が浮かび上がってきます。〈おとや〉だけではわかりにくいので、その後に説明も付け足しています。お客さんの身になって考えられる、商売人としての細やかさももち合わせています。〈「しょうちしました。では、どうぞこちらへ。」〉と口調も大変丁寧ですし、〈ぶなの木のみきを、くちばしで力いっぱいたたきました〉とあるように、この仕事にまっすぐに向き合う、誠実な人柄が読みとれます。木をつつくという自分の長所に目を向けて〈おとや〉という商売を始めるのですから、自分の長所を生かして仕事のできる人物ともいえます。このようにきつつきが言っていることや行動に目を向けて、その人物像を見ていくといいでしょう。仕事熱心で誠実な、こんなきつつきだからこそ、素敵ないい音を聞いた野うさぎを幸せにすることができたのだと言えるでしょう。

◇くり返しに目を向けると

〈ぶなの森に、雨がふりはじめます。きつつきは、新しいメニューを思いつきました〉とあります。読者は、いったいどんなメニューができたのだろうと胸が躍ります。ここも仕掛になっています。そして〈ふりはじめます〉という現在形から、読者自身もともにそこにいるような臨場感をもって読み進めることになります。

〈おとやの新しいメニュー〉が、〈今朝、できたばかりの、できたて〉で、しかも〈あしたはできないかもしれない〉というのです。そんな〈とくべつメニュー〉ですから、野ねずみの親子だけでなく、読者もまた聞きたくて仕方なくなるのではないでしょうか。そのうえ、今日の音は、〈ただ〉なのです。特別メニューですから、普通は少し高いのかもしれないと思います。ただとは何とも得した気分です。それにしてもなぜ今日の音はただなのでしょうか。しかもおとやの音は、野ねずみの親子が〈ずい分前から聞いてた〉素敵ないい音で、〈やっと〉〈はじめて〉聞くことができるのです。本当に期待に胸が膨らみます。

外はあいにくの雨で、〈おせんたく〉ができません。それだけではなく、〈おにわのおそうじ〉〈草の実あつめ〉〈おすもう〉と、できないことが次々とくり返されています。**くり返し**は**強調**の表現です。〈おにわのおそうじも〉の「も」に注目することで、ここでは何もできないということが強調されていることがわかります。そして、それ以外にもできないことがたくさんあることが想像できます。くり返しに目を向けることで、雨の日に困ったり、退屈している野ねずみたちだとわかります。ですから、〈「だから、ひとつ、聞かせてください。」〉と、家族揃って〈うれしそうに〉言うのもうなずけます。こんなに退屈している野ねずみたちだからこそ、〈おとや〉の音をことのほか楽しみにしているのです。

〈「さあ、おねがいいたします。」「かしこまりました。」〉と、特別メニューが始まります。冒頭から丁寧な仕事ぶりやことばづかいのきつつきですが、ここではより一層かしこまった様子です。野ねずみたちはこれからすばらしい何かが始まるというので、みんなかたずを飲んで待っています。〈今日だけのとくべつな音〉を、〈お口をとじて〉〈目をとじて〉しっかりと聞いています。読者も、どんな音が聞こえるのだろうと耳を澄まして待ちます。

すると、〈そこらじゅう〉の〈いろんな音〉が、〈いちどに〉聞こえてきました。〈ぶなの葉っぱの、シャバシャバシャバ〉。〈地面からの、パシパシピチピチ〉。〈葉っぱのかさの、パリパリパリ〉。〈そして、ぶなの森の、ずうっとおくふかくから、ドウドウドウ。ザワザワザワ〉と、それぞれのものに雨が当たる音が、まるで交響曲のように聞こえてきます。声喩が見事に音楽を表現しています。〈「へえ。」「うふふ。」〉と、〈にこにこうなずいて〉〈ずうっとずうっと〉雨の音に聞き入る野ねずみたちが目に浮かびます。〈ずうっとずうっと〉というくり返し、〈つつまれていたのでした〉という表現からも、野ねずみたちが幸せな気持ちでいっぱいになっていることがわかります。

◇雨の日という条件を生かして

さて、一場面ではきつつきの〈コーン〉という音が聞こえました。この音と二場面の音を**対比**してみましょう。一場面は、きつつきが精一杯働いた、ただ一つの音でした。それに対して二場面では森の中の自然が奏でる沢山の音が、重なり合い、いつまでもいつまでも続いています。森の中のどの場所でも、だれでも自由に聞くことができますから〈今日のは、ただです〉というのもうなずけます。それにしてもこんなすばらしい音を聞くことができたのは、雨の日という**条件**を生かしたからと言えるでしょう。何もできない、つまらない雨の日が、雨の日だからこそできる、雨の日だからこそ味わえるすばらしい一日になったのです。

ところでこの二つの音に共通して言えること**（類比）**は、どちらの音もお客さんを幸せにする音だということです。ここに〈おとや〉の商売のすばらしさ、仕事の値打ちがあります。

きつつきの合図で目を閉じるとそこら中のいろんな音が〈いちどに聞こえてきました〉とあります。今まさに、素敵な音が聞こえてきたのです。今までも雨は降っていたはずなのですが、なぜこんな表現になっているのでしょう。野ねずみたちは、きつつきに促されてはじめて、このうっとりとした音が耳に入ってきたのです。今まで気にも留めていなかったものが、この瞬間からすばらしいものとして意識され始めたのです。〈きつつきの商売〉によって、自然の奏でる音楽のすばらしさを再認識することができたのです。

（この項は、旧『指導ハンドブック中学年』の文章をもとに一部書き加えたものです。／奥　葉子）

【「きつつきの商売」の指導案例――全体の概要】

◉ねらい

・雨の日の条件を生かした「きつつきの商売」とは、どんな商売なのかを考えさせる。

《だんどり》

「きつつき」という鳥について、共通理解をもたせましょう。木をつつく「きつつき」だからこそできる商売のお話だからです。「きつつき」という登場人物であることが、この物語の**条件**になっています。

《とおしよみ》（主な発問）

Q きつつきはどんな人物でしょう。きつつきが言ったことや、したことから考えましょう。

Q 雨の日は、野ねずみの家族にとってはどんな日と言えますか。**（条件）**

Q おとやのとくべつメニューはどんな音でしたか。

Q 二場面の「おとや」の音を、一場面の音と比べてみましょう。**（対比）**

Q きつつきの商売によって、野ねずみたちはどんな気持ちになりましたか。

《まとめよみ》

Q きつつきの商売のように、友だちやおうちの人のことばによってあらためてそのよさに気づいた体験はありますか。

❸国語辞典の使い方

◇国語辞典の使い方

二六頁の「見出し語のならび方」・さがし方の原則は、時間をとって確実に理解させ、操作できるようにしたいところです。二七頁の「言葉の形」は、三年生には難しい課題ですが、動詞・形容詞などの言い切りの形も具体的な操作をとおして理解させます。

◇文例によって意味は微妙に変わる

意味について定義することは非常に難しいものです。だから、辞典を調べることによって、文によって意味が違うこと、逆にいうと、決まった意味があるのではなく、文例によって、あるいは文脈によって、時と場合によって、そのことばの意味が変わることをわからせてください。子どもたちは、ことばには最初から決まった意味があるのだと思い込みがちです。ですから、それを文の中にはめ込めればいいと考えてしまいます。ことばは、生きもので、場合によって、文脈によって他のことばとひびき合って意味が変わってきます。

本来のことばの意味は辞書の最初に書いてあります。二番目、三番目と、後にくるほど特別な場合の意味が書いてあります。

具体的な例をいくつか挙げていくことで、難しいことばの意味は、なんとなくこういうことだなとわかってきます。そのようなわからせ方を、操作的定義と言います。このような方法でことばの意味をわからせることができます。

（この項は、旧『指導ハンドブック中学年』の文章をもとに一部書き加えたものです。／福﨑健嗣）

【参考文献】『意味を問う教育』（西郷竹彦著・明治図書）

❹ 漢字の音と訓

音と訓の違いが問題になります。しかし、音とは何か、訓とは何かということは、三年生ではわかりません。文字がなかった日本に中国から漢字が入ってきた歴史を習わなければわかりません。三年生では、これは音だな、これは訓だなと感覚的にわかる程度でいいのです。たとえば、人類（じんるい）や人生（じんせい）という漢字を見て、人（ひと）という漢字が使ってある、人の仲間のことかな、人の生き方のことかなと、何となくわかればいいのです。何となくでいいですから、たくさんの例を蓄積することが大切です。

音と訓が歴史的にどのようにしてできたかは、高学年になって学習すればいいのです。

送りがなも、感覚的に経験的にわかる程度でいいと思います。送りがなのきまりの指導も、もう少し先にいってからになります。

学習には、「気づかせる段階」と「わからせる段階」があります。気づかせるこの段階では、

「これは音読みです。」「これは訓読みです。」と教えなくてもいいのです。二とおりの読み方があることがわかればいいのです。そして、ある程度蓄積されてきた段階で、あらためて、今までやった漢字の読みには音と訓の二つがあること、音というのは中国の漢字の読み方を日本流に読んだもので、訓というのは昔からの日本のことばであることを教えます。このあと、「わからせる段階」で理論的にきちんとまとめていくことが大切です。

（この項は、旧『指導ハンドブック中学年』の文章をもとに一部書き加えたものです。／山中尊生）

❺よい聞き手になろう

六頁の「いつも気をつけよう」と関連させて、学級の話し合い活動のルールを学期初めに確認します。三二頁の「活動のながれ」にそって学習します。低学年からの話し合い活動での留意点―**観点**にそって話す・**順序**よく話す・**理由**を添える話し方を定着させましょう。聞き手も話の中心に気をつけて聞く、話し手の話題にそった質問や感想を言うなど、いろいろな話し合い活動の場面でその定着を図りましょう。

（上西信夫）

⑥「言葉で遊ぼう」(小野恭靖)

◇読者を引き込む工夫…題名と書き出しの機能

題名を読むと「〈言葉で遊ぼう〉とわたしたちに呼びかけているような題名だな。」「言葉で遊ぶってどういうことだろう。」と思います。題名がこの説明文の観点にもなっています。また、読者に次を読みたくなる**仕掛**の機能(はたらき)もあります。

書き出しにも筆者の工夫がいくつもみられます。筆者は〈みなさんは、しりとりや早口言葉で遊んだことがありますか〉とたずねています。〈しりとりや早口言葉〉は読者である子どもたちにとって身近に遊んだ経験があるものですから、納得しながら読んでいきます。次に〈言葉遊びには、ほかにどのようなものがあるのでしょうか〉〈また、どのような楽しさがあるのでしょうか〉とたたみかけるように問いかけの表現が使われています。このようにたずねられた読者は「〈言葉遊び〉は他にどんなものがあるのかな。」「どんなところが楽しいのかな。」と**観点**をしぼって、しかも興味・関心をもって読むことになります。ここも**仕掛**のある表現になっています。

◇わかりやすい説明文とは……表現の形式の類比と説明の順序

二段落目は〈にた音や同じ音の言葉を使って文を作るのが、しゃれです。〉と言葉遊びの

「種類」をまず紹介しています。〈たとえば「ふとんがふっとんっだ」……〉と具体的な例を示すことで読者は納得できます。そして〈しゃれ〉には〈言葉のもつ音と意味とを組み合わせるという楽しさがある〉とその〈楽しさ〉が書かれてます。

それでは、三段落目と四段落目をみていきましょう。〈上から読んでも下から読んでも同じになる言葉や文が、回文です〉とまずは「言葉遊びの種類」が書かれ、その後に〈「きつつき」や「しんぶんし」〉と具体的な例を示してあります。次に〈長くなれば長くなるほど、作るのがむずかしくなりますが、できたときのうれしさも大きくなります〉と〈回文〉の「楽しさ」が書かれています。読者にとっては**観点**がわかっていますから書かれていることが容易に理解できます。

四段落目も同様に〈言葉を作っている文字のじゅんばんをならびかえて、べつの言葉を作るのが、アナグラムです〉と「言葉遊びの種類」、次に〈たとえば「とけい」と「けいと」〉と具体的な例が示してあります。最後に〈元の言葉とはまったくちがう意味の言葉を作る〉〈楽しさ〉が書かれています。

このように、〈～が～です。たとえば～〉と同じ表現の形式をくり返していますから読者にとっては非常にわかりやすい。これも筆者の**説得の工夫**です。

また、〈言葉遊び〉の紹介の順序が〈しゃれ〉↓〈回文〉↓〈アナグラム〉という**順序**で書かれています。つまり、ふだんよく使っている〈言葉遊び〉から、あまり使わない、聞き慣れない〈言葉遊び〉の順序で紹介がしてあります。「もしも、紹介の順序が逆であったらどうだろう。」と子どもたちにたずねてみるのもいいでしょう。ここでも筆者の説得の工夫がみられます。

◇まとめ……読者を意識して

五段落目は〈このように、言葉遊びにはいろいろあり、それぞれに楽しさがあります〉と全体のまとめをしています。

〈言葉遊びをするのには、とくべつなどうぐや、広い場所〉がいらないと〈言葉遊び〉のよさを筆者は主張しています。例えばゲームをするにはその道具が必要ですが〈言葉遊び〉には道具がいらない。特別な道具がいらないことが〈言葉遊び〉が広がってきた理由の一つと言っています。また〈ふだん使っている言葉遊びだけで、楽しい時間を過ごすことができる〉と、これも「だれでも、いつでも、かんたんに楽しくできる遊び」だからこそ〈人々は、むかしから言葉遊びを通して、言葉のおもしろさにふれてきました〉と主張しています。

そして書き出しでは〈みなさんは、しりとりや早口言葉で遊んだことがありますか〉と読者に問いかけ、まとめでは〈あなたも、言葉遊びを楽しんでみましょう〉と読者である〈みなさん〉に呼びかけています。書き出しと結びが響きあった表現になっています。

◇授業でおさえたいポイント

「はじめ→中（つづき）→おわり」の構成と文章を組み立てているひとまとまり・**段落**とい

う用語も含めての指導内容です。段落を問題にするということは、ここに何が書いてあるかという**要点**をとらえることです。要点をとらえることは、**類別する力**が前提となります。教科書では「はじめ」に問いの段落、「中（つづき）」に問いに対する答えの段落、「おわり」にぜんたいのまとめの段落と構成と段落を対応させています。

段落の要点をまとめる作業は、三年生初めの子どもたちには難度の高い課題です。要点のまとめ方は、教科書には具体的に示されていません。段落の要点をまとめることばかりが説明文の課題ではありませんが、中学年では大事な課題の一つです。要点をまとめる時は、本文の❶例や引用は省く。❷具体的な数字はできるだけ省く。❸敬体を常体にして短くするなどのまとめ方を教えます。

「はじめ」の問いの①段落は、この説明文の**観点**です。〈言葉遊びには、ほかにどのようなものがあるのでしょうか〉また、〈どのような楽しさがあるのでしょうか〉が問いという形で観点を示しています。観点を一貫して見るという認識の基本は、一年生から教えるイロハです。

②③④段落の「中（つづき）」では、観点の〈言葉遊びには、ほかにどのようなものがあるのでしょうか〉が「しゃれ」「回文」「アナグラム」で**類比**して説明します。よく知られている一般的な「しゃれ」の例示から特殊な「アナグラム」の**順序**です。また、それぞれの段落の最後の文が、〈どのような楽しさがあるのでしょうか〉という二つ目の観点の答えになっています。

なお、教科書では低学年から構成を〈はじめ・中・おわり〉としていますが、本論に相当するところを「中」という用語を使っていますが、「はじめ」「おわり」に対応するのは「つづき」

です。「中」は「上」「下」や「前」「後」に対応する言葉です。また、「形式段落」「意味段落」という用語も使われたりします。「形式段落」も一つのまとまり（意味）をもったものですから「形式段落」という用語は適切ではありません。

〈このように〉と、まとめを表す指示語から後、「おわり」の⑤段落が全体のまとめです。言葉遊びはいろいろあり、それぞれに楽しさがありますというのが**要旨**（**表現内容**）です。各段落の要点をまとめ、要旨を理解することも大事なことですが、**表現内容**を貫く日本語の本質にせまるような**認識内容**までめざしたいものです。残念ながら本文がそこまで書ききれていませんのでいたし方ありません。日本語の仮名文字の特質—表音文字、音節数と仮名文字数の対応、音節数が少ない言語ゆえ同音異義語が多い言語であることが言葉遊びを豊かなものにしたのです。

（上西信夫）

❼「こまを楽しむ」（安藤正樹）

〈こまを楽しむ〉は〈言葉で遊ぼう〉を学習した後の単元です。すでに、筆者の説得の論法を〈言葉で遊ぼう〉で学んでいるので、この単元は「筆者は読者にわかりやすく伝えるためにどんな工夫をしているのかな。」と筆者の説得の工夫を問うていく授業展開が考えられます。つまり、読者側からすると納得の方法を学んでいきます。

◇題名と書き出しのはたらき

題名は〈こまを楽しむ〉です。〈こま〉については身近にあるので知っていると思います。子どもたちも一度は〈こま〉で遊んだことはあるでしょう。「こまでどんな楽しみ方があるのだろう。」「どんなこまがあるのだろう。」と目のつけどころ（観点）と先を読みたくなる仕掛のある題名になっています。

書き出しに〈こまを回して遊ぶことは、むかしから世界中で行われてきました〉と紹介し、〈日本は、世界でいちばんこまのしゅるいが多い国だといわれています〉と読者に〈こま〉は日本人にとって身近な遊びであることを伝えています。そして、一段落目の最後に〈では、どんなこまがあるのでしょう〉〈どんな楽しみ方ができるのでしょう〉と読者に問うています。これも筆者の説得の論法の一つです。つまり読者は「こまの種類」と「その楽しみ方」の二つの観点にしぼって読み進めていくことになります。

◇観点にそって《つづき》（中）の部分を読む

二段落目〈色がわりごまは、回っているときの色を楽しむこまです〉と、まず「こまの種類」と「楽しみ方」がおおまかに書かれています。次に〈こまの表面には、もようがえがかれています。……〉とこまの「つくり」を紹介し、最後に〈……まざり合い、元の色とちがう色にかわる〉〈同じこまでも、回すはやさによって、見える色がかわ〉ると、〈色がわりごま〉の具体的な「特徴や楽しみ方」が書かれています。

三段落目以降は、〈鳴りごま〉〈さか立ちごま〉〈たたきごま〉〈曲ごま〉〈ずぐり〉の順序で紹介されています。表現形式は二段落目と同様に、こまの種類→楽しみ方→こまのつくり→具体的な楽しみ方という順序で書かれていますから、読者は観点をしぼって読み進めることができます。

◇結び……条件・目的によってこまの構造（つくり）がちがう

〈このように〉と、これまで紹介してきた〈さまざまなしゅるいのこま〉についての筆者のまとめが書かれています。

まず、〈それぞれ色も形もちがいますが、じくを中心にバランスをとりながら回るというつくりは同じです〉と、〈こま〉の構造の相違点（**対比**）をまず挙げ、次に〈じくを中心にバランスをとりながら回る〉という〈こま〉の特質・共通点（**類比**）を挙げています。

〈色がわりごま〉は〈回っているときの色を楽しむ〉ことが目的ですから、〈こまの表面には、もようがえがかれて〉います。同じように、他の〈こま〉も目的に合わせた〈つくり〉や特徴があります。

こまの種類	楽しみ方	こまのつくりやとくちょう
鳴りごま	音を楽しむ	どうは大きく……細長いあなが空いている
さが立ちごま	動きを楽しむ	ボールのような丸いどう
たたきごま	たたいて……楽しむ	どうは細長い形
曲ごま	見る人を楽しませる	広くたいらなどう
ずぐり	雪の上で楽しむ	心ぼうの先が太く、丸い

このように、「どのような場所で、どのように遊ぶか」という条件や目的に応じて〈人々は〉〈回る様子や回し方でさまざまな楽しみ方のできるこまをたくさん生み出してきたのです〉と筆者は結んでいます。

（大柿勝彦）

「こまを楽しむ」（一〜三段落）たしかめよみの指導案例

◉めあて

ひっしゃの書き方の工夫をみつけよう

Q１　一段落で書き出しの工夫をみつけましょう。

・どんな観点で読んでいけばよいですか。次を読みたくなるような仕掛はどんなところですか。

Q２　二段落目の書き方の工夫をみつけましょう。

・どのような順序でかいてありますか。

Q３　二段落目の書き方の工夫と比べながら三段落目の書き方の工夫をみつけましょう。

・文章のつくり（表現形式）で似ているところはありませんか。

・文章の内容（表現内容）で似ているところはありませんか

・それぞれのこまの特徴の違いはどんなところですか。

「こまを楽しむ」（一〜三段落）の板書例

「こまを楽しむ」　安藤　正樹

◉めあて

書き方の工夫をみつけよう

書き出し

〈では、どんなこまがあるでしょう。〉　かん点

〈どんな楽しみ方があるでしょう。〉　しかけ

一段落

どんなこま	楽しみ方	とくちょう
色がわりごま ⟷	回っているときの色 ⟷	元の色とちがう色に変わる

二段落

鳴りごま ⟷ 回っているときの音 ⟷ ボーッという音が鳴る

文のつくり

………………は………………です。

こまのしゅるい→ 楽しみ方→

文の内容

こまの種類→楽しみ方→こまのつくり→具体的な楽しみ方

ひっしゃの工夫 **読者にとって**

かん点にそってかいてあるので

文のつくりがにているので わかりやすい

写真で示されているので

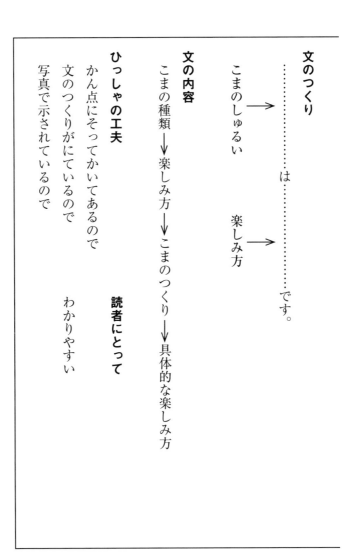

❽俳句を楽しもう

「伝統的な言語文化」事項への変更で前教科書から中学年で俳句・短歌を指導することになりました。高学年の古典や漢文の指導とあわせて音読・暗誦中心で、声に出して読むことでリズムや響きを身体で体得させることをねらっています。

芭蕉・蕪村・一茶の句をあげていますが、解説もついていますが、俳句の本質や美にふれるものではありません。五・七・五の音数、季語の条件さえ満たせば俳句になるかというとそうではありません。有名な芭蕉の「古池や蛙飛びこむ水の音」がなぜ革命的な名句なのか、そのようなことが理解できて初めて俳句の鑑賞も創作（吟行や句会など）も可能となります。俳句の眼目である異質なものの取り合わせができるのは、**関連**づける力です。関連という認識方法は高学年の課題です。字数が少ないから三年でも可能だろと考えるのは早計です。従来のように俳句は高学年で鑑賞指導とあわせてあつかうのが妥当だと考えます。

（上西信夫）

（俳句の理解のためには、『名句の美学』西郷竹彦著・黎明書房を参照してください。）

⑨ 気になる記号

「報告する文章を書く」言語活動が指示されています。道路標識・絵文字も含めて記号としています。グローバル化した現在、記号の役割は、誰にでも情報内容が一瞬のうちに伝わるということです。天気予報や駅・公園・大型店、宅配便の表示など子どもたちに身近な記号・絵文字・標識を収集させるといいでしょう。

五八頁の文末の指導、五九頁の「たいせつ」の観点は指導のポイントとしておさえたいところです。

（上西信夫）

⑩「たのきゅう」（武田　明）

◇読み聞かせ教材だからこそ

教科書には〈先生に読んでもらって、むかし話を楽しみましょう〉と書いてあります。子どもたちには教科書を持たせず、先生の近くに集めて読み聞かせをするのもいいでしょう。

題名は〈たのきゅう〉です。昔話などの文芸作品の題名は**観点**があまり、はっきりしないものがあります。ですから「たのきゅうって何のことだろう。意味がよくわからないなあ。」等、先を読んでみたくなる仕掛のはらたきがより強くなります。また、四枚の絵が提示されています。「白い服を着たおじいさんと手前には何か箱をかついだ男の人が立っている絵」や他にも大蛇や小判が空から降り注いでいる絵が示されています。題名や四枚の絵から子どもたちはどんな話をイメージするでしょうか。「おじいさんが何かに化けるのかな」「大蛇が出てきて怖いお話かな」「最後は小判が降ってきて幸せになるのかな」など、子どもと対話しながら作品の世界に入っていくのもいいでしょう。読み聞かせだからこそ、題名〈たのきゅう〉と四枚の絵を響き合わせて想像させておくと子どもたちはいっそう興味をもって作品の世界に入っていくことでしょう。

◇くり返される〈田能久〉の人物像

〈とんとん昔〉という書き出しから、昔話であることがわかります。〈たのきゅう〉という題名からはどんな話か想像することができませんが、〈あるところに、旅の役者がありました。名前は田能久といいました〉から、題名の〈たのきゅう〉は人物の「名前」だということがわかります。作者は題名はひらがなで表記していましたが、文中では漢字の表記にしています。どうしてでしょうか。これは後になってそのなぞが解けていきます。また、田能久が〈旅の役者〉であるという条件は次に起こる出来事の伏線になっています。

ところで、田能久はどんな人物でしょうか。〈母親一人だけを国へのこして〉〈そこでいつも、母親のことが気にかかって、しようがありません〉と、母親思いのやさしい人物であることがわかります。語り手はしだいに田能久の目と心によりそい、重なりながら語っていきますので、読者は田能久の「早く家に帰りたい。」という気持ちが手に取るようにわかります（これを同化体験といいます）。

◇親思いの〈田能久〉だからこそ

急いでもどりたいのですが、村に早く帰るためには〈どうしても夜道を歩かねばなりません〉し〈おまけに、大きいとうげをこえなければなりません〉。

〈茶店のおばあが、「日がくれてうす暗うなっとるのに、とうげをこえたらあむないぞ。」〉と教えてくれました。何が危ないのかを知らないのは田能久だけでなく、読者も**初読**の段階ではわかりません。次を読みたくなる**仕掛**になっているところです。峠には〈大きなうわばみ〉＝大蛇が出るというのです。六三頁に大蛇の絵が示されていたので読者は絵と文を響き合わせてイメージできます。〈しかし、田能久は親孝行者ですから〉〈気が気ではありません〉と母思いの人物像がくりかえされています。田能久にとっても怖い存在の〈うわばみ〉ですが〈出たら出たときのことじゃ〉と〈ひとり言を言いながら〉自分自身を勇気づけています。

◇自分の条件をいかして

〈しらがのおじいが、どこからともなく出てきました〉。ついにうわばみがおじいに化けて現れたのです。この場面も六二頁に白いおじいと手前の男の人、つまり田能久が描かれていますので読者にも想像しやすいところです。〈おまえは、何というもんなら〉と尋ねられたので〈わしは、田能久じゃ〉と答えます。おじいは〈たのきゅう〉を〈たぬき〉と聞き違えます。〈しらがのおじい〉は〈なに、たぬきかい。……七とおりにも化けられるというがのう〉と話します。田能久はうわばみが自分のことを〈たぬき〉と間違えてくれたことで殺されないですみます。

ところで、黒板に題名を〈たのきゅう〉とひらがな表記しておきましたね。それを今一度〈たぬき〉と比べてみましょう。読者も〈たのきゅう〉を〈たぬき〉とまちがえたことに気づくでしょう。**ユーモア**の体験ができるところです。

田能久は〈にげたら、なおのことあぶない〉と思ったので、自分から化けてみせてうわばみの機嫌をとります。まずは〈女形の役〉をしますと〈うわばみは感心してしまいました〉。うわばみは田能久が〈たぬき〉だから化けることができたと思っています。しかし、田能久は〈旅の役者〉であるという条件を生かして変装する（化ける）ことができただけです。読者もうわばみが田能久のことを〈たぬき〉と勘違いしていることを知っていますから思わず笑ってしまうところです。ここも、**ユーモア**の体験ができるところです。

〈さむらい〉に田能久が化けたときには、さすがのうわばみも怖くなってしまいます。

◇読者は知っている――人物（うわばみ）は知らない

うわばみは田能久のことを気に入ってしまい〈放そうとしません〉。〈いろいろな話〉をした後に〈おまえのきらいなもんは何ぞ〉と尋ねます。田能久は〈わしは、こばんがいちばんきらいじゃ〉と答えます。世間の常識ではお金が嫌いだとことは考えられませんが、うわばみという化け物の世界ではその常識がないのでしょう。読者は笑ってしまうところです。

田能久も〈おまえは、何がいちばんきらいじゃぞ〉と聞き返します。すると〈わしは、たばこのやにと、かきしぶが……〉と正直に答えてしまいます。田能久は無事に助かり、村の者に〈うわばみのきらいなものは、……〉と教えてあげたのです。

◇頓智《とんち》は生活の知恵

早速、村人は〈たばこのやにとかきのしぶ〉を集めて、峠にいくと〈おじいの体になすりつけ〉て体を〈動かなく〉してしまいます。うわばみは〈本当は死〉んでいません。〈よし、かたきをうってやるぞ〉と言って田能久の家へ行きます。その仇とは何でしょう。そうです。〈こばんをいっぱい部屋中にまきちら〉すことでした。六三頁に小判が天井から降り注いでいる絵がありました。そこで驚いている二人は田能久とその母親だということがわかります。

頓智の「頓」は「即座に」という意味で、頓智とは「即座に働く知恵」のことです。田能久は〈出たら出たときのことじゃ〉と、出たとこ勝負でうわばみに挑みました。これも「大切な母親に早く会いたい。」という願いをかなえるためのことです。田能久は即戦即決で頓智を働かせたのです。

◇人々が語り継いでいる意味

この作品の書き出しは〈とんとん昔。あるところに……〉という民話独特の語り口です。また結びは〈田能久は、そこで、大金持ちになったそうです〉と語り手が自分で体験したことではなく、語り伝えられていることとして語っていることがわかります。

それでは「たのきゅう」は人々のどのような思いが込められて語り継がれているのでしょうか。田能久は〈旅の役者〉であることから腕力が強いわけではなく、〈母親一人だけを国に残して〉いるため母親のことをいつも気にかけているやさしい人物です。そんな母親が病気と知り一刻も早く国へ帰りたい、急いで帰るためには夜道を帰らなければならない、このような状況の中で〈うわばみ〉に出会ってしまったのです。田能久は殺されるわけにはいきません。うわばみは田能久のことを〈たぬき〉と間違ってくれます。自分の名前が偶然にも〈たのきゅう〉であったことで自分の命を救うことができたのです。また、腕力ではなく〈役者〉という自分の条件を生かして〈化け〉ることで〈うわばみ〉に気に入られることになります。しかも自分のきらいなものは〈こばん〉と嘘をつき、〈うわばみ〉のきらいなものは正直に〈たばこのやにとかきしぶ〉と聞き出しています。〈たのきゅう〉の見事な頓智が生かされています。そして〈うわばみ〉のきらいなものを〈村の者〉に教えています。

つまり、一心に「母親に会いたい。」という〈田能久〉の思いが叶えられました。しかも頓智によって、村の人々も安心して平和な生活がおくることができるようになったのです。

人々は「田能久のやさしさ・勇気ある行動がわれわれ村の人々の命まで救ってくれた」ということに感謝しているからこそ、この話を語り継いできたのでしょう。

（大柿勝彦）

⓫「もうすぐ雨に」（朽木　祥）

◇〈ぼく〉の身になって

〈ランドセルをしょって、へやから出ようとしたそのときだった。まどのところで、何かが、ぴょんとはねた〉という書き出しです。何が飛び出したのだろうと読者に疑問を持たせる**仕掛**があります。〈なんだろう〉と思って〈のぞいてみると、小さな小さなかえる〉でした。**視点人物**である〈ぼく〉が、自分の見たこと思ったことを語っています。

そのかえるは、〈あみ戸とまどガラスの間〉に挟まっています。〈ぼく〉は〈いったい、どこから入ってきたんだろう〉と思い、かえるがはねる様子を見て〈ぴょんぴょんしたって、そこからは出られないのになあ〉〈どうしたらいいんだろう〉と思います。そこで、かえるを逃がすために〈まどとあみ戸をいっしょに動かして〉窓を開け、〈さっとまどだけしめ〉ます。そして、かえるに〈さあ、もう出られるよ〉と話します。〈ぼく〉の独り言を含めて、〈ぼく〉の会話に「　」（かぎ）がありません。ここは、読者の《外の目》が、視点人物「ぼく」の《内の目》にぴったり重なっているところで、〈ぼく〉の言動を**異化体験**するのではなく、〈ぼく〉

の身になって**同化体験**する読みが必要でしょう。

◇―（ダッシュ）の意味

外に出ることができたかえるは〈ぼく〉の顔をじっと見つめます。その顔を見て〈ぼく〉は〈「ありがとうって言いたいのかな―。動物の言葉が、わかればいいのになあ。」〉と思います。この会話文には「　」（かぎ）があり、―（ダッシュ）も書いてあります。―（ダッシュ）は**物語の筋**における重要な所です。

遅刻しそうになるので〈急いでかいだんを〉下りると〈どこかでチリンとすずみたいな音〉がします。その時〈ねこのトラノスケ〉が座っていました。〈ぼく〉はトラノスケに〈「いいなあ、朝から遊びに行けて。」〉と話しかけると、また〈チリン〉と音が鳴ります。すると、〈「ふん。遊びに行くんじゃないよ、だ。」〉〈「ねこには、ねこのご用が、たんとあるのさ。」〉〈「もうすぐ雨になるんだから。大急ぎで出かけないと。」〉とトラノスケが話します。〈もうすぐ雨って―。〉ここにも―（ダッシュ）があります。

◇〈チリン〉という音

学校に行く途中、電線の上にからすがいました。〈ぼく〉はごみを狙っていると思ったので〈「ちらかしたら、だめだよ。」〉と話すと、また〈チリン〉という音がしてからすのことばが聞こえてきます。〈チリン〉という音がすると動物の言葉がわかることが**類比**しています。そして、このからすも〈「もうすぐ雨になるんですから。早く食べ物を持って帰りませんと。」〉ともうすぐ雨になると話します。

次はつばめです。〈ぼく〉が〈「つばめまで口をきいたりして。」〉と話すと、また〈チリン〉と音がしてつばめが〈「いそがしくて、お話ししているひまなんか、ありませんよ。もうすぐ雨になりますからね。」〉と話します。

学校に着いた〈ぼく〉はさらに水槽の中のみどりがめに話しかけます。するとまた〈チリン〉と音がしてかめが〈もうすぐ雨になるんだな〉と話します。そして、休み時間に飼育小屋に行ってみると今度は〈チリン、チリン、チリン〉と続けて音が鳴り出し、動物たちの話し声が聞こえてきます。その動物たちも〈「もうすぐ雨に」〉と話しているのです。

◇動物とのコミュニケーション

教室にもどった〈ぼく〉は動物たちがくり返し「もうすぐ雨が降る」と話すので、つい〈「もうすぐ雨に―。」〉と友達に話してしまいます。みんなは、外は晴れているので雨が降るなど信用しません。すると、〈空が暗くなったと思うと、雨がぽつぽつ〉降り始め、あの〈チリン、チリン〉という音とともに〈楽しそうな歌声〉が聞こえてきます。しかし、〈雨がひどくなるにつれて〉〈チリン〉という音も歌声も消えてしまいます。

雨が上がった後、つばめの言葉もトラノスケの言葉も聞こえなくなります。しかし、〈トラノスケがなんて言いたいのか、ぼくには、ようく、分かったよ〉という言葉で最後は結ばれています。

この物語は動物とコミュニケーションがとりたいという人間の願いをファンタジーという手法で**虚構**した話といえるでしょう。何が**類比**しているか、そして―（ダッシュ）がある所に気をつけて読むといいでしょう。

（村尾　聡）

⑫「ありがとう」をつたえよう

「目的に合わせて依頼状、案内状、礼状などの手紙を書く」言語活動単元です。手紙の型である①はじめのあいさつ　②本文　③むすびのあいさつ　④後づけなどが指導内容です。書写の時間とあわせて指導するといいでしょう。

（上西信夫）

⑬本を使って調べよう

年間の図書館指導計画との関係で、もっと早い時期に実施してもいいでしょう。事典や図鑑の「目次」「さくいん」を使って調べる方法は、具体的に指導しなければならない内容です。

（上西信夫）

⓮「里山は、未来の風景」（今森光彦）

◇書き出しの工夫

書き出しは〈ぼく〉がどこで、どんな仕事をしているのかという筆者の自己紹介からはじまっており、読者にとって筆者の話に入りやすいものになっています。筆者は写真家であり、その〈仕事場のまわりを空からながめてみると〉〈点々と緑色の雑木林が見えます〉と、**視点**を空に移動させたいわゆる「文芸的な」書き方の工夫も見られます。里山は人里近くにある、生活に結びついた山・森林（＝雑木林）というより山林に隣接する農地と集落を含めての里山。この里山は〈人としぜんがなかよくくらしている〉〈すばらしいいのちあふれる場所〉であり、〈みなさんにもっと知ってほしい〉と説明文の**観点（目的意識）**が示されています。

◇田んぼの生き物

まず、〈棚田〉についての話です。〈田んぼのまわりは、里山でいちばん生き物がいるところ〉と書いてあります。なぜ、田んぼのまわりには生き物が多いのでしょう。水田は定期的に植生管理される湿地であり、牛糞堆肥などの有機肥料も付与され、栄養分に富む温かな水域だからです。カエル、タニシ、イナゴ、サンショウウオの他、様々な水性植物も田んぼには生息します。さらに九六頁の写真にあるように、畦に生える雑草の花を求めてミツバチ、ベニシジミ、ナナホシテントウ等の昆虫も集まってきます。

◇小川の生き物、植物

次は〈小川〉の話です。〈田んぼの間を流れる小川〉とは「用水路」のことです。里山における用水路は今と違って土水路であり、用水、排水ともに同じ水路を使い、水田とはほぼ段差なくつながっていました。そのため、小川にはメダカ、ドジョウ、フナ、オイカワ、ヤツメウナギ、モズクガニ、ヌマエビなども生息していました。筆者が書いているように、小川にはトンボが飛び交います。田んぼや小川には産卵するための草や苗、砂泥があり、餌となる蚊やブヨも豊富です。イネの茎は幼虫が羽化する際によじ登る「棒」であり、群葉は羽化最中に外的から身を隠す役目を果たしています。さらに、トンボが多く発生することは、それを捕食するカエル、アメンボ、ゲンゴロウ、マツモムシ、サギなどにとっても都合のいいことです。

また、小川の〈川べりにはヨシが生えて〉おり、この植物も人のくらしに役立ちます。〈よしず、ついたて、ふすま〉をはじめ、〈かやぶきの屋根〉にも利用されました。

◇雑木林

里山の〈雑木林〉は、〈人が、クヌギやコナラの木をうえてそだて〉た、いわゆる「二次林」です。このような雑木林は、季節風から耕地の風蝕を防ぎ、その落葉は堆肥につくられて、畑土を肥やすのに用いられた。さらに生長した雑木は定期的に（二五～三〇年サイクル）伐採され、薪や炭とされ重要なエネルギー源となった。さらに筆者が書いているようにシイタケ栽培の〈ほだ木〉に利用されたりもしました。クヌギやコナラなどの落葉広葉樹だけでなく、雑木林には竹も植えられ、ザルなど、さまざまな生活材や土塀の心材、ハザ木（稲わらを干すもの）などの作業材となりました。

雑木林のクヌギやコナラの樹液には夏になるとクワガタやカブトムシなどが群がります。手入れされた雑木林は、適度に日光が林に入り、多様な草花が育ちます。それにつれあって、多くの昆虫が生息します。また、多くの草花は昆虫の餌となるだけではなく、天敵から身を守るためにも役立ちます。そして、雑木林は筆者が書いているように「人にとっての遊び場」であり、「やすらぎの場所」でもあるのです。

◇里山の意味・価値

筆者は、里山は〈しぜんからのおくり物〉と書いています。これは比喩です。では、「誰にとっての贈り物」なのでしょう。まず「人にとって」です。雑木林は燃料として、生活材として、防風林として利用されます。そして「遊び場」として、「心和む場所」としての価値があります。「虫たちにとって」は餌をとる場所であり、天敵から身を守る場所になり、産卵し子孫を残す場所になります。小川に生息する小動物たちにとっても餌をとり、産卵し子孫を残す場所になっています。さまざまな生物、植物、人にとって「里山」は意味・価値のある場所であり、それらはつながりあっています。このような意味・価値のある場所だからこそ筆者は

〈里山を未来の風景にしたい〉のでしょう。

（村尾　聡）

【参考・引用文献】養父志乃夫『里地里山文化論　下　循環型社会の暮らしと生態系』農文協　2009年
広井俊夫『雑木林へようこそ　里山の自然を守る』新日本出版社　2004年

⑮「わたしと小鳥とすずと」（金子みすゞ）

◇話者（語り手）の基本的人物像

この詩の中の話者は、自分のことを〈わたし〉、空のことを〈お空〉、地面を〈地面《じべた》〉と語っています。この語り口から、読者は、この話者がまだ小さな女の子ではないだろうかと考えます。

◇類比と対比を使い、話者の思いをとらえる

一連では、〈わたしが両手をひろげても〉と、あります。話者である〈わたし〉は、なぜ両手を広げるのでしょうか。それは、小鳥のように空を飛びたいという願いをもっているからだと思います。そして、さらに、自分と〈小鳥〉とを比べています（**対比**）。ここでは、〈わたし〉は空を飛べないということと、〈小鳥〉は地面を速く走れないということで対比しています。〈わたし〉という人物は、空を飛びたいという願いをもっているけれどそれができないのです。このように、できないことを比べているのですが、読者は、〈小鳥〉は空を飛べるし、

〈わたし〉は、地面を速く走ることができるという肯定的なイメージをもつのではないでしょうか。文末表現は、〈ない〉という否定形ですが、「わたしは、空を飛べないけれど、地面を速く走ることができるんだ。」という話者の自分に対する肯定的なイメージが感じられるのです。

二連では、〈わたし〉と〈すず〉を対比しています。この連でも、〈わたし〉は、体をゆすっても、きれいな音はでないということと、〈すず〉は、たくさんの歌は知らないというように、両者をできないことで比べています。しかし、読者には、〈すず〉はきれいな音を出せるし、〈わたし〉は、たくさんの歌を知っているというように両方のできることがわかります。また、ここでも〈わたし〉は、鈴のようにきれいな音は出せないけれど、たくさんの歌を知っているという話者の肯定的な思いが伝わってきます。

この二つの連を**類比**してみましょう。そこには、話者である〈わたし〉が、自分自身を〈すず〉や〈小鳥〉と比べることによって、自分のできることに気づき、自分自身に対して誇りと自信をもつことがくり返されています。

◇題名に象徴される人間観

三連は〈すずと、小鳥と、それからわたし、／みんなちがって、みんないい〉とあります。一連、二連とイメージをふくらませてきた読者は、ここをどう読むでしょうか。〈すず〉も〈小鳥〉も〈わたし〉もそれぞれが自分自身のよさをもっているんだ、それぞれが違っていていいいんだ、という他者を認め合うことの大切さを感じるのではないでしょうか。

また、この連では〈すずと、小鳥と、それからわたし〉とあり、題名の〈わたしと小鳥とすずと〉と順序が異なります。最後に〈わたし〉が来ていますが、〈それからわたし〉という表現によって、〈わたし〉が強調されます。ここでは、〈すず〉と〈わたし〉、〈小鳥〉と〈わたし〉というように他者と〈わたし〉を**対比**しています。他者と比べることによって、自分の存在の価値に気づいていきます。それは、まさに「他者を語ることで、自己を語る」とでも言えるのかもしれません。

そして、またこの詩の題名を振り返って考えてみましょう。題名は〈「わたしと小鳥とすずと」とあり、〈と〉という助詞で終わっています。ですから、これを読んだ読者は、まだまだ他にもたくさん比べるものがあり、どんどん続いていくようなイメージをもちます。この題名には、「この世に存在するすべてのものには、みんな違うけれど、みんな素敵なところがあるのだ。」という作者の豊かな人間観が込められているような気がします。

（この項は、旧『指導ハンドブック中学年』の文章をもとに一部書き加えたものです。／吉村眞知子）

16「山のてっぺん」（岸田衿子）

◇語り手の予想を裏切る現実

〈でかけてみよう　はじめに一歩〉という書き出しです。どこに出かけるのかというと〈山のてっぺん〉にです。出かけるのは**語り手**である「わたし」です。語り手のわたしは〈山のてっぺん〉に行くと、雲がつかめたり、何かすばらしいものがあると思っていたのでしょう。だから〈なんだ　山のてっぺんて　ひらたいのか／何にもないな／雲がつかめると思ったのに〉と語っているのです。

◇類比するイメージ

語り手のわたしは今度は、図鑑の中だけでしか知らなかった〈クワガタ〉を発見し、その虫に触れてみます。触れると怒ってくると思っていましたが、クワガタは大人しく〈怒らなかった〉のです。そして、そのクワガタを今度は手にとってみようとしますが、なかなか木の幹から離れません。〈木の幹にしがみついてる〉クワガタの〈肢〉は〈こんなにねばり強い〉と感じます。

語り手のわたしが持っていた山のてっぺんやクワガタについての予想、先入観がひっくり返される〈思いがけない〉イメージと意味が**類比**しています。

◇ほんとうの知識とは

詩の結びで、語り手のわたしは〈やっぱり　でかけてみよう／雲と湖のあるほうへ／絵はがきの夏は　うごかないから〉と語っています。ここは「倒置法」が使われています。そのことによって〈やっぱり　でかけてみよう〉が強調されています。図鑑や自分が持っている知識だけでは、ほんとうのことはわからない。実際に〈でかけて〉みて、自らの目で見、体験してみると、自分の持っている知識や先入観をひっくり返されることがあるということです。〈絵はがきの夏〉はそんな実感のない知識や先入観の**象徴的な比喩**といえます。〈やっぱり　でかけて〉みないと〈山のてっぺん〉に何があるのかはわからないのです。

（村尾　聡）

17 つたえよう、楽しい学校生活

学級全体で話し合いをする言語活動です。このような活動で留意したいことは、活動自体が目的とならないように、子どもたちにとって必然性のある場面設定です。一年間を見通し、学校行事や児童会活動、社会科の地域学習と関連させて、話し合い活動を位置づけることです。

学級づくりの時期や課題とあわせて、司会者・提案者・書記などの役割を決めて運営することや、個人やグループの意見の共通点・相違点を整理し、それぞれの考えを反映させながら、学級全体として一つの考えに集約すること、討論を交わして考えを深め合ったり広げあったりすることが重要です。

一一〇頁、一一一頁の「たいせつ」囲みの内容は、話し合いのたびに確認し徹底させます。

【話し合いにさんかするときは】

①指名されてから話す。②自分の考えを先に言い、次に考えた理由を言う。（どうしてかというと、——。理由は、——。——からです。）③友だちの意見と同じところ、ちがうところをはっきりさせて、意見を言う。（さんせい・反対・つけ足し）

【司会をするときは】

①司会をする人を決めて、話し合いを始める。②何について話し合うかと、話し合う手順をたしかめる。③発言する人を指名したり、順番を決めたりする。④ところどころで、そこまでに出た意見を整理する。⑤もち時間などのやくそくを思い出してもらう。

（上西信夫）

18 へんとつくり

「へん」と「つくり」で大切なことは、それぞれの役割です。

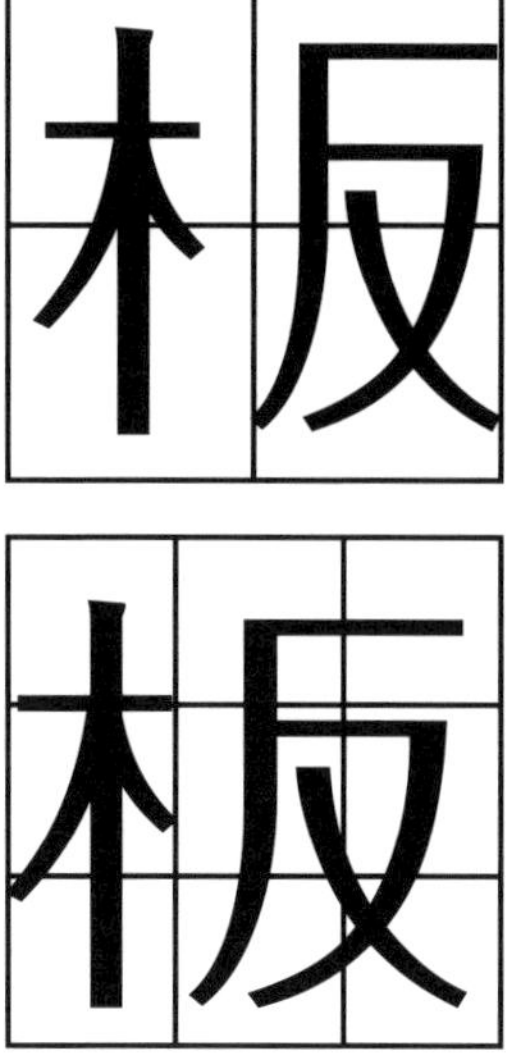

まず「へん」は漢字の左側にあって、おおまかな意味を表しています。教科書では、その例として「言」〈ごんべん〉をあげ、それがつく漢字が言葉に関係があることを説明しています。〈木　きへん〉の漢字は、木に関係のある文字ですし、〈イ　にんべん〉をもつ漢字は、人間に関係のある文字です。〈糸　いとへん〉がつく漢字は、糸に関係のある文字です。

次に、「つくり」についてはそれが、おおまかな意味を表す場合もあると述べられています。その例として、〈頁　おおがい〉をとりあげ、これがついた漢字は、頭部に関係のある文字だということを説明しています。また、「つくり」は、「板」や「係」のようにその意味だけでなく、音を表すこともあります。

教科書では、最初の導入部分が、「へん」と「つくり」のカードの組み合わせクイズで始まっています。そのため「へん」と「つくり」の大きさの割合が一対一の田の字型になっています。しかし、この田の字型では、字のつり合いはとれません。田の字型で書くのではなく、上のような九宮法で書くほうがいいと思います。

（この項は、旧『指導ハンドブック中学年』の文章をもとに一部書き加えたものです。／吉村眞知子）

19 ローマ字

◇ローマ字は何語か　～日本語としてのローマ字～

授業のはじめに《だんどり》として、子どもたちにローマ字についての話をしておくとよいでしょう。日本語ということばを文字で書きあらわす（表記という）ときに、ひらがな、カタカナ、漢字という文字の他にローマ字という文字表記を使うことがあります。ローマ字は日本語を表わす手段の一つです。ローマ字は、英語だという考えをここで覆すことで、子どもたちの興味関心を引き出すことができます。ひらがな、カタカナ、漢字での表記法を三年生の子どもたちはすでに学習しています。それを使って表現させます。例えば、「いぬ」という言葉を表わす場合、日本語では、「いぬ」「イヌ」「犬」と表わすことができます。「いぬ」を英語で表わすなら「ＤＯＧ」となります。しかし、ローマ字が、日本語表記の一つであることがわかれば、「いぬ」という音をローマ字という文字で表すことができます。「ＩＮＵ」「ｉｎｕ」となります。このようにして、日本語の文字表記の一つにローマ字があることを伝えることができます。ローマ字は世界共通の文字表記です。ですから、日本語をそのまま外国の人に伝える手段になること（例えば地名や名前）も教えるとよいでしょう。また、アルファベットで書かれた文字でも子どもたちにはなじみのあるものも多くあります。アルファベットで書かれた英語などの表記と日本語表記としてのローマ字は区別があることをわからせましょう。

◇母音の定着を先に

ローマ字指導ではまず、母音の「ＡＩＵＥＯ」「ａｉｕｅｏ」を定着させることが大切でしょう。子音を学習していくうえで、母音の活用が重要になるためです。

◇表記法～日本式・訓令式・ヘボン式～

ローマ字の表記法にはさまざまな方式があります。それぞれに由来がありますが、どんなときにどのように表記するかは、はっきりと決められていないようです。したがって、授業で扱う範囲も子どもたちの実態に合わせて行います。また、パソコンでローマ字変換する場合、アルファベットの組み合わせ方が違うところがあります。

（この項は、旧『指導ハンドブック中学年』の文章をもとに一部書き加えたものです。／野澤有香）

20 「ちいちゃんのかげおくり」（あまん　きみこ）

まず、場面に分けておきます。

一場面……八頁のはじめから一二頁の一〇行目まで

二場面……一二頁の一二行目から一五頁の九行目まで

三場面……一五頁の一一行目から一八頁の二行目まで
四場面……一八頁の四行目から二一頁の六行目まで
五場面……二一頁の八行目から終わりまで

◇類比・対比・類別

一場面は、〈かげおくり〉をする場面です。〈かげおくり〉というのは、作者の造語です。人物たちのセリフのやりとりがずっとくり返されていますが、まず、それぞれの人物の状況によって、言い方が違います。たとえば、〈青い空を見上げたお父さんが、つぶやきました〉に対して、〈お兄ちゃんがきき返しました〉となっています。ちいちゃんは、〈たずねました〉となり、お父さんは、〈せつめいしました〉になっています。そして、〈お母さんが横から言いました〉と表現されています。口をはさんだということです。さらに、〈お母さんが注意しました〉〈ちいちゃんとお兄ちゃんが、やくそくしました〉〈お父さんが数えだしました〉〈お母さんの声も重なりました〉〈いっしょに数えだしました〉とあります。それぞれ表現の仕方が違い、個性的です。「言いました」という言い方だけではなくて、一つひとつがその場によって、文脈によって、その人物の条件によって、微妙に言い方を変えて表現されています。ここが大事なところです。

同じようなかげおくりの場面が、四場面にもあります。ここでは、〈「かげおくりのよくできそうな空だなあ。」というお父さんの声が、青い空からふってきました〉、次に、〈お母さんの声も、青い空からふってきました〉となっています。〈「ひとうつ、ふたあつ、みいっつ。」いつのまにか、お父さんのひくい声が、重なって聞こえだしました〉〈お母さんの高い声も、それに重なって聞こえだしました〉〈お兄ちゃんのわらいそうな声も、重なってきました〉と、今度は同じような表現がくり返されています。同じかげおくりの場面でも、一場面と四場面では、この点だけとっても対比的になっています。一場面は現実の場面、二場面も現実、三場面も現実です。四場面は、現実であるけれども、ちいちゃんの幻想が語られている場面です。非現実場面です。ちいちゃんが幻想を見ているという事実は、もちろん現実です。しかし、そこに語られている中身は、ちいちゃんの幻想です。このように、**類別**できます。五場面のところでまた、現実になります。

◇類比によって戦争の本質を浮きぼりにする

この作品の中には、戦争の非人間性がくり返し表現されています。この反復は人間のたいせつなものをうばうという、戦争の非人間的な本質を浮きぼりにしています。

まず、一場面の終わりのほうの〈「体の弱いお父さんまで、いくさに行かなければならないなんて。」〉に、戦争の残酷さが語られています。そして、〈いくさがはげしくなって、かげおくりなどできなくなりました〉では、子どもたちから遊びをも奪ってしまう、戦争の本質が語られています。〈この町の空にも、しょういだんやばくだんをつんだひこうきが、とんでくるようになりました。そうです。広い空は、楽しい所ではなく、とてもこわい所にかわりました〉と、空までが怖いところになってしまい、戦争によって地上の生活や文化が破壊されていくところにも、戦争の本質がくり返し語られています。

三場面のはじめに、〈町の様子は、すっかりかわっています。あちこち、けむりがのこっています〉とあり、どこが家なのかわからない状態になっています。ちいちゃんが自分の家をたずねていくのですが、〈家は、やけ落ちてなくなっていました〉。戦争というものが、ちいちゃんたちの家をも奪ってしまいます。そして、お父さんもお母さんもお兄ちゃんも、そしてちいちゃん自身の命をも奪ってしまいます。そのことは、四場面の最後で、〈こうして、小さな女の子の命が、空にきえました〉と、はっきり出てきます。このように**類比的**に見てくると、戦争の非人間性が浮きぼりにされてきます。

◇場面を対比して戦争の本質を浮きぼりにする

では、一と四の場面を対比してみましょう。どちらもかげおくりをしている場面ということでは、類比的です。しかし、実は対比になっています。

一場面はまだお父さんもお母さんも生きていて、ある意味では家族そろって楽しくかげおくりをやっている場面です。楽しくといっても、出征の前日ですからそこには切ない思いが込められています。しかし、少なくとも家族そろって、仲よく記念写真をとっているようなつもりで楽しくかげおくりをしている場面になっています。

それに対して、四場面は、一見、お父さん、お母さん、お兄ちゃん、ちいちゃんとみんなそろって仲よくかげおくりをしているようなイメージとして語られています。たとえば、〈お兄ちゃんのわらいそうな声も、重なってき〉、〈青い空に、くっきりと白いかげが四つ〉浮かぶところです。そして一面の花畑の中で家族がふれあうイメージ自体は、たいへん明るく、平和です。けれども、実はそれはちいちゃんの幻想です。戦争で傷を負い、飢えてもう気を失いかけ、死んでいく間際のちいちゃんの幻想です。それが幻想であることは四場面の最後で知らされ、一層切なく悲しいものになります。明るい花畑のイメージであればあるほど、逆に悲しみを強く読者に訴える対比的な場面です。もし仮に戦争がなくてみんなが生きていたならば、おそらくはこのように家族そろって楽しく手をとりあってかげおくりをすることができただろうと思います。戦争のために、現実にはできないので、ただ幻想として思い描くしかないというのが、この四場面なのです。「仮に」と**仮定**して考えてみると、幻想でしかない悲しさが、一層強くなります。

◇「かげおくり」を意味づける

ことばの意味は、ほかのことばとの関係や、文脈で違ってきます。〈かげおくり〉という遊びがだれにとってどのような意味をもっているかということです。

一場面の〈かげおくり〉は、ほかならぬお父さんにとって、自分たち家族の記念写真のようなものと意味づけることができます。四場面の〈かげおくり〉は、ちいちゃんの目と心に寄りそって（**《内の目》**）見ると、ちいちゃんにとって、親子仲よくそろって暮らしたいという願いが実現したことを意味しています。しかし、それを**《外の目》**で見ると、ちいちゃんの死を意味しています。《外の目》と《内の目》では、まったく意味が違ってきます。二つの意味の葛藤を読者がドラマとしてとらえることになります。

手引きに〈かげおくり〉について〈二つの「かげおくり」をくらべましょう。同じところはありますか。ちがうところはどこでしょう〉と書かれています。しかしここでは、同じところや違うところに気づくだけではなく、〈かげおくり〉のもつ意味を考えることが大切になります。

◇仮定することで悲劇の本質が

さて、五場面を見ると、何十年かがたち、いっぱい家も建っています。そして、〈ちいちゃんが一人でかげおくりをした所は、小さな公園になっています〉と、平和なイメージです。〈青い空の下、今日も、お兄ちゃんやちいちゃんぐらいの子どもたちが、きらきらわらい声を上げて、遊んでいます〉と、平和な戦後の風景が語られています。でも、そこにはちいちゃんはいません。それに、お母さんたちもいません。

子どもたちは楽しく平和に遊んでいますが、また不吉な戦争がいつやってくるかもわからないというのが今日の状況です。この後、戦争が再びなければいいがという気さえします。仮にもし戦争がなければ**（仮定）**、ちいちゃんたちも楽しく平和に暮らしていたかもしれません。そして、ちいちゃんがお母さんになって、お父さんから教わったかげおくりを子どもに教えていたかもしれません。こう考えてみますと、戦争はただ命を奪うだけでなく、人間一人ひとり

の、ありえたはずの幸せな未来をも奪います。戦争にはこのような根本的な非人間性・悲劇性があるのです。（西郷竹彦）

【参考文献】『文芸研の授業4「ちいちゃんのかげおくり」の授業』（野澤正美著・明治図書）
『文芸研教材研究ハンドブック18　ちいちゃんのかげおくり』（矢根久美・明治図書）
『文芸教育82号』所収「対談あまんきみこ『車のいろは空のいろ』の世界」（新読書社）

【「ちいちゃんのかげおくり」（四場面②）のたしかめよみ指導案例】

◉ねらい

・戦争がちいちゃんにとって大切なものを奪ったことを類比してとらえさせる。（戦争の非人間的な本質）

・家族と一緒に暮らしたいというちいちゃんの願いは、戦争をもってしても奪うことはできないことをとらえさせる。（人間の真実）

◉めあて

・せんそうはちいちゃんから何をうばったか。

・せんそうでもちいちゃんからうばえなかったものは何か。

◉授業展開

Q１　家族に会えたちいちゃんの気持ちになってみましょう。（同化体験）

Q２　幻のかげおくりをしながら死んでいくちいちゃんを見て、みんなはどう思いますか。（異化体験）

Q３　死んでいっているのに、喜んでいるちいちゃんを見て、どんな気持ちになりますか。（共体験）

・ちいちゃんが喜べば喜ぶほど、よけい悲しくなる。

Q４　戦争はちいちゃんから何を奪いましたか。

・ちいちゃんの命（多くの子どもの命）

Q５　戦争でもちいちゃんから奪えなかったものは何ですか。

・家族といっしょにいたいという願い

【「ちいちゃんのかげおくり」（四場面②）板書例】

ちいちゃんのかげおくり

あまんきみこ

◉めあて

せんそうは、ちいちゃんから何をうばったか。

せんそうでも、ちいちゃんからうばえなかったものは何か。

ちいちゃんのねがいがかなった

ちいちゃんの内の目

・わらいながら歩いてくる。
・きらきらわらいだしました。
・わらいながら花畑の中を

あっ、お父さんだ　お母さんだ
お父さん、会いたかったよ
やっと会えたね、お兄ちゃん
みんなに会えてうれしい
ずっとまっていたんだよ
いっしょに　かげおくりができた

ちいちゃんも死んでいく

読者の外の目

・体がすうっとすきとおって
・空にすいこまれていく。
・軽くなったから、ういたのね。
・命が、空にきえました。
ちいちゃんのいしきがなくなり死にむかう。
ちいちゃんの死

まぼろしだよ
かわいそう
切なくなる

よろこび

かなしみ

はんたいのイメージ

まぼろしでしかないけれど最後に会えてよかった。
よろこべばよろこぶほどかなしくなる。

人物（ちいちゃん）　×（知らない）
読者　○（知っている）

せんそうがうばったもの

うばえなかったもの

ちいちゃんの命
小さな女の子→多くの子どもたち
みんなといっしょにいたいというねがい

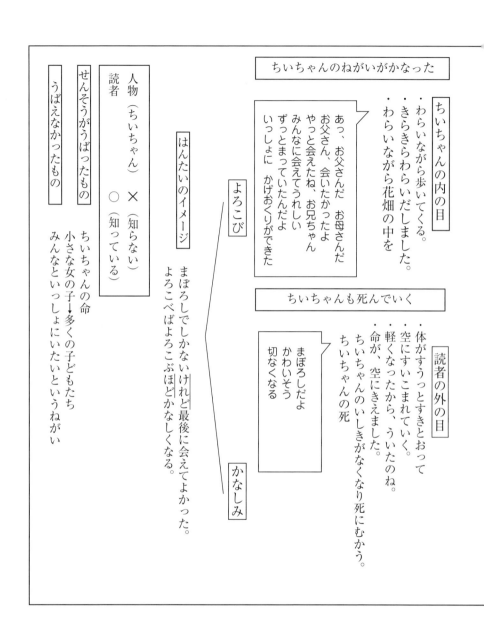

21 修飾語

「修飾語」という用語は、つけ加えていく、飾り立てるというより、西郷文芸学では、意味を限定していくものと考えています。たとえば、「犬」だけでは、犬ということはわかりますが、漠然としていて、どんな犬かわかりません。だから、「日本犬」と意味を限定するのです。そうすると、「日本犬」以外の選択肢は省かれていきます。

〈書きました。〉では、何を書くのかはっきりしません。あいまいだから、〈手紙を〉という「修飾語」で絞っていくのです。さらに、だれに書くのかあいまいだから、〈おじいちゃんに〉と書くことで、はっきり限定されます。

「修飾語」は、飾り立てるものと考えがちですが、むしろあいまいな文を絞り込んでより明確にしていくものです。

〈おじいちゃん〉というけれど、どこのおじいちゃんかわかりませんから、〈九州のおじいちゃん〉と限定します。また、手紙が長いのか短いのかをはっきりさせるために〈長い手紙〉であると絞り込みます。結果として、文は長くなりますが、意味を絞り込んでいくのです。「修飾語」は、文〈伝えたいこと〉があいまいにならないようにするため限定し、絞り込む役割をもっています。

（この項は、旧『指導ハンドブック中学年』の文章をもとに一部書き加えたものです。／山中尊生）

なにを

手紙
レポート
書類
絵日記
など

書きました。

だれに

九州の
名古屋の
となりの
わたしの
など

手紙を書きました。

九州のおじいちゃんに手紙を書きました。

※修飾語をつけることで、結果的に文は長くなっていくが、いろいろな可能性が消去されて、限定されていく。

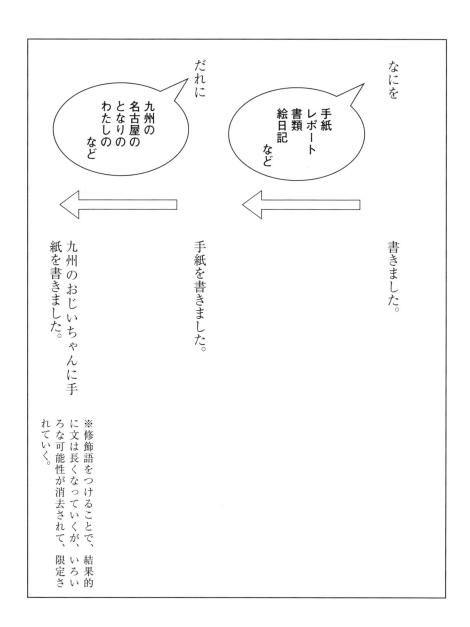

22 「すがたをかえる大豆」（国分牧衛）

◇書き出しの工夫

説明文の書き出しに大事な問題が一つあります。それは説明する筆者の側から言うと、説明する内容をまず読んでもらいたいということです。本来説明文は、読者が読みたくなるように書かれていなければなりません。そのためには、これから説明する内容は、実はあなたにとって大事なことですよ、おもしろく、価値があり、役に立つということですよ、ということをなんらかの形で示す必要があります。それによって、読者は興味・関心をもち、読んでみたい気持ちにさせられるのです。

説明文には、読者に興味をもたせる工夫があります。特に書き出しにおいては、読者の興味を引くために、さまざまな工夫がされています。〈わたしたちの毎日の食事には、肉・やさいなど、さまざまなざいりょうが調理されて出てきます〉〈その中で、ごはんになる米、パンやめん類になる麦のほかにも、多くの人がほとんど毎日口にしているものがあります。なんだか分かりますか〉と読者に問いかけています。筆者はなぜ、このような書き方をしているのでしょうか。それは、この問いかけという手法こそが、読者の興味・関心を引き、読み進めさせるための**仕掛**になっているからです。また、〈大豆です〉と言われても、そんなに食べているかな、と読者は疑問に思うことでしょう。しかし、〈大豆がそれほど食べられていることは、意外と知られていません。大豆は、いろいろな食品にすがたをかえていることが多いので気づかれないのです〉。そう言われると読者はどのように姿をかえているのだろうかと新たな興味をもつことになります。この教材の書き出しを見ますと、興味・関心が湧いてくるようなうまい書き出しになっています。また、この問いによって、読みの**観点**をつくっています。

◇〈ダイズ〉と〈大豆〉

二段落には、大豆についての説明がされています。〈大豆は、ダイズという植物のたね〉であることと、種は十分に育つとかたくなることを説明しています。〈かたい大豆は、そのままでは食べにくく、消化もよくありません〉と、食べ物としての負の**条件**が語られます。だからこそ〈いろいろ手をくわえて、おいしく食べるくふう〉をしなければならないことにつなげています。つまり、〈大豆は、いろいろな食品にすがたをかえていることが多い〉**理由**になっているのです。また、ダイズと大豆の区別は、後に出てくる〈えだ豆〉や〈もやし〉の説明への伏線にもなっています。三段落からは、〈おいしく食べるくふう〉を見ていくことになります。

◇大豆をおいしく食べる工夫（順序というものの見方・考え方）

〈いちばん分かりやすいのは、大豆をその形のままいったり、にたりして、やわらかく、おいしくするくふうです〉と、最初の工夫が書かれています。これは簡単でわかりやすい加工の仕方で、一番基本になる工夫です。また、〈豆まきに使う豆〉と〈に豆〉が例に出されていますが、それらは姿が大きく変わっていません。ですから読者にとってもわかりやすいものです。〈次に〉、〈きなこ〉が出てきます。この〈きなこ〉は、〈いって〉から〈こなにひいたもの〉という具合に、最初にあがった〈豆まきに使う豆〉や〈に豆〉より、少し手間がかかっています。〈また〉と、別の例が出てきます。今度は〈とうふ〉です。豆腐をつくるには、〈大豆を一ばん水にひたし〉、〈なめらかになるまですりつぶし〉、〈水をくわえて、かきまぜながら熱し〉、〈その後、ぬのを使って中身をしぼり出し〉、その〈しる〉に〈にがり〉を加えて固める、という手順があることがわかります。基本になる加工の仕方とは別の工夫をしています。〈きなこ〉よりもさらに、手間と時間がかかっているのです。つまり、この説明の順序は、基本的なもの、単純なもの、三年生の読者にわかりやすいものから、特殊なもの、手間のかかる複雑なもの、すぐにはわかりにくいものへと進んでいます。

〈さらに〉と、ここでも順序を示すことばが使われ、〈なっとう〉や〈みそ〉、〈しょうゆ〉が出てきます。納豆は大豆の形が残っていますが、元の大豆とは質的にまったく違うものです。これまでは、いる、煮る、粉にする、すりつぶすと形を変えますが元の質は大きく変わっていません。しかし、納豆や味噌は納豆菌やこうじ菌を使って質を変えたものです。しょう油は味噌をしぼった汁です。質の違うものに加工していますから、より特殊なものになっています。

◇ダイズを食べる工夫

七段落に〈これらのほかに〉と、〈えだ豆〉と〈もやし〉の例が出てきます。先ほどまでの

〈大豆〉を調理したものではなく、〈ダイズ〉の〈とり入れる時期〉や〈育て方〉を工夫した食べ物です。同じに扱ってもよさそうな気がしますが、〈大豆〉は〈たね〉であり、〈えだ豆〉や〈もやし〉は植物の〈ダイズ〉の段階のものです。ですから、〈えだ豆〉と〈もやし〉の例は、「大豆」とは違う「ダイズ」をとりあげたもので、さらに特殊なもの、質の違うものになっているのです。ですから、筆者は〈これらのほかに〉という接続語を使い、一番最後に提示しているのです。また、ここで〈えだ豆〉と〈もやし〉を出すため、先に〈ダイズ〉の説明があったのだということがわかります。

◇三〜七段落の説得の論法

三段落から七段落には、いくつかの表現の工夫がされています。

まず、接続語（同じような役割をもつことばも含む）です。〈いちばん分かりやすいのは〉〈次に〉〈また〉〈さらに〉〈これらのほかに〉と**順序を表す接続語**が使われています。〈一つ目は〉〈二つ目は〉……という「ナンバーリング」と呼ばれる接続語が「ことばの教育」のなかで教えられることがあります。確かに「ナンバーリング」による表現は、わかりやすく、覚えやすいので便利です。しかし、作文を書かせると、いつまでもこの「ナンバーリング」の表現から抜け出せないでいる実態を見ることがあります。順序を表す接続語は、さまざまあります。**条件**に応じて適切で豊かな表現が使えるようにするためにも、この教材で使われている例もしっかり学ばせたいものです。

次に、大豆に〈いろいろ手を加えて、おいしく食べるくふう〉例の出し方の**順序**です。基本的なもの、大事なもの、読者にわかりやすいもの、身近なもの、簡単・単純なものから、特殊なもの、読者になじみのないもの、意外なもの、複雑なものへと順序が選択されています。

また、それぞれの段落の一文目に、食べやすくおいしくする工夫について書かれています。

そして、二文目からは加工の仕方やつくられた食品について書かれています。このように**観点**をそろえて書いているため読者にはわかりやすくなっています。

さらに、〈とうふ〉と〈なっとう〉〈みそ・しょうゆ〉については、つくり方がくわしく書かれています。それは、つくり方を知らない三年生の読者にも、どのような〈くふう〉になっているかはっきりとわかるようにし、納得してもらうためです。これも説明の工夫です。

これらは、すべて読者にわかりやすく伝えるための**説得の論法**になっています。

◇なぜこんなに多くの食べ方を工夫してきたのか

そのままでは食べにくく、消化もよくないかたい大豆は、〈いろいろなすがた〉で食べられていることがわかりました。そこで、〈こんなに多くの食べ方がくふうされてきた〉**理由**を次のように述べています。〈大豆が味もよく、畑の肉といわれるくらいたくさんのえいようをふくんでいるからです。そのうえ、やせた土地にも強く、育てやすいことから、多くのちいきで植えられたためでもあります〉と大豆の二つの**価値**にふれながらその理由を述べています。

一つ目は、大豆には〈味がいい〉〈たくさんのえいようをふくんでいる〉という食品としての大事な価値があるということです。

二つ目は、〈やせた土地にも強く、育てやすい〉という生産物としての価値もあるということです。

大豆は、その二つの価値をもつすばらしい食料だったのです。

読者も、〈大豆のよいところに気づき、食事に取り入れてきたむかしの人々のちえにおどろかされます〉。

◇食文化

この説明文では、〈大豆〉に手を加え、〈とうふ〉や〈みそ〉などといった、新たな食品をつくり出すという人々の知恵・労働について書かれていました。もとのままの形ではなく、それに手を加え、付加価値を加えてより高い価値を生み出す食文化について書かれています。

かたい大豆のままであれば食べにくい、消化しにくい物です。しかし、そのマイナスの**条件**を人間は知恵を働かして工夫することで食べやすく、消化しやすい食品にしていったのです。それればかりか、大豆には、工夫すれば〈味もよく〉、〈たくさんのえいようをふくんでいる〉、〈やせた土地にも強く、育てやすい〉という条件があることを発見します。工夫することでですぐれた食料に変えたのです。これが〈ちえ〉というものです。

（この項は、旧『指導ハンドブック中学年』の文章をもとに一部書き加えたものです。／二村知幸）

【「すがたをかえる大豆」の指導案例　全体の概要】

◉ねらい

・ねうちある大豆を食べやすく工夫してきた先人たちの知恵に気づかせる。

《とおしよみ》（主な発問）

【はじめ】第一段落

Q　この説明文の観点は何ですか。

【つづき】第二段落～第七段落

Q　大豆はどうして手を加えなければならないのですか。

Q　どのようなおいしく食べるくふうが書いてありますか。

Q　どんな書き方の工夫をしていますか。

Q　なぜこの順番で書かれているのでしょう。

【おわり】第八段落

Q　なぜこんなに多くの食べ方が工夫されてきたのでしょうか。

《まとめよみ》

Q　ここに書かれている「ちえ」とはどういうことでしょうか。

・よくない条件をもつものを工夫してよりいいものに変えること。

23 短歌を楽しもう

日本語の調べを体得するという意図で百人一首や名歌を例にあげていますが、文語調の和歌は子どもたちにとってはちんぷんかんぷんでしょう。それよりも同世代の子どもたちが作った歌を例にした方が、「その気持ちわかる、わかる」「自分も作ってみようかな」と興味を持って学習できそうです。短歌は感動の高まりを詠うものですから、詩を作る感覚と似ていて、俳句より三年生には向いていると思います。

「いつやるの」「いつかやるもん」「だからいつ」ママとわたしのやりとり（中村桃子）

反省の色がないって反省の色ってどんな色だろう（金子大二郎）

「ママのバカ」ノートに大きく書いたんだなっとくいかないわたしの気持ち（高野花緒）

ぼくののうぐるぐるくねくねしてるんだいつもいつもしかられてばかり（篠原周）

おばあちゃん甘酒《あまざけ》ゆっくりかきまぜる薬を作る魔女《まじょ》ににている（篠原空）

ママにだけおしえてあげた気になる子一丁目に住むとなりの男子（室文子）

まるつけにわたなべ先生ぶたをかくみんなのノートにぶたがいっぱい（谷歩）

さかあがりとうとうできたポケモンのゲームみたいに進化したぼく（敷田ちひろ）

すごい虹出てるよしかも二重だよ勉強してるばあいじゃないよ（松田わこ）

（朝日新聞・朝日歌壇より／上西信夫）

24 「三年とうげ」（李　錦玉）

◇すぐれた文芸作品とは

これは、朝鮮の民話です。昔話には、くり返しがありますが、この教材にもあります。昔話でも童話でも、なぜくり返しが多いのでしょう。まず、本質はくり返されるということがあるからです。それに、くり返し（**反復**）が強調の方法だからです。大事なことをしっかり読者に印象づけたい、理解させたいという意図のもとに、二度三度くり返しが出てきます。

くり返すときは、ただ機械的にくり返すのではなく**「変化をともなって発展する反復」**が有効なのです。場合によっては、手を変え品を変えてくり返すということです。すぐれた文芸作品は、単純な機械的な形式的な反復ではなく、変化発展があります。「三年とうげ」の場合もそれがあります。

◇反復されるとうげの美しいイメージ

〈あるところに〉からを一場面とします。〈三年とうげとよばれるとうげがありました〉とあり、〈春には、すみれ、たんぽぽ、ふでりんどう。とうげからふもとまでさきみだれました。れんげつつじのさくころは、だれだってため息の出るほど、よいながめでした〉と、春のとうげの様子をまず語り、〈だれだって〉〈ため息の出るほど〉〈よいながめ〉だと語っています。

次に、〈秋には〉とあり、〈かえで、がまずみ、ぬるでの葉。とうげからふもとまでうつくしく色づきました〉と紅葉の美しさを語っています。〈白いすすきの光るころ〉にもまた、〈だれだってため息の出るほど、よいながめでした〉とくり返されています。春のイメージと秋のイメージでの二回のくり返しが、「**変化をともなう反復**」です。春も秋もそれぞれの美しさをもった、それはすばらしいとうげであると言うことができます。ここでは、春と秋の美しさを**対比**（違いに目を向けること）するのではなく、春にも秋にも美しい姿をくり返し見せるとうげを**類比**（似ているところ、同じところを比べること）したいものです。

◇言い伝えによるとうげのイメージ

〈三年とうげで　転ぶでない〉〈転んだならば、三年きりしか　生きられぬ〉〈長生きしたけりゃ、転ぶでないぞ〉と、三年とうげの言い伝えは非常におそろしいイメージです。先ほどの美しいとうげのイメージから一転して、〈おそるおそる〉気をつけて通らなければならない怖いとうげのイメージです。村人たちにとっては美しいだけでなく、〈昔から〉気を抜けないというげというイメージもあわせもっていることを押さえておきましょう。

◇伏線となる美しいながめ

〈ある秋の日のことでした〉からを二場面とします。何かが起こりそうな二場面の書き出しです。〈一人のおじいさんが……三年とうげにさしかかりました。白いすすきの光るころでした〉。一場面で〈だれだってため息の出るほど、よいながめ〉だと描かれていた、まさにその季節です。そのためおじいさんも、〈うつくしいながめにうっとり〉とするのは当然です。しかし〈うつくしいながめにうっとりしていました〉というのは、次に起きる出来事の伏線になっています。ですから、ここでは一場面の〈白いすすきの光るころ〉をもう一度引き合いに出して思い出させて、こういう美しいとうげだからこそ、おじいさんはずいぶん長いことうっとり眺め、ついに日暮れ近くになってしまったのだとわからせてください。そして、〈「こうしちゃおれぬ。日がくれる。」〉と〈あわてて〉立ち上がり、〈足をいそがせ〉るということになります。言い伝えを知っている読者にすれば、「気をつけて」「危ない」という思いがわいてきます。しかし読者の心配したとおり、おじいさんは石につまづいて転んでしまうのです。とうげの〈うつくしいながめ〉が、こうなる伏線になっていたのです。ですから、このように後先をつなげておくことは大事なことです。

◇言い伝えを信じるおじいさん

石につまづいて転んで〈しまいました〉という文末表現になっています。ここから、慎重にとうげを歩いたにもかかわらず、意に反して転んでしまったおじいさんであることがわかります。もちろんとうげの言い伝えを知っているおじいさんですから、転んでしまって〈真っ青〉になり、〈がたがた〉ふるえました。そのうえ、家に〈すっとんで〉いき、おばあさんに〈しがみつき〉〈おいおいなきました〉という始末です。大の大人がと思うほどの様子です。〈ああ、どうしよう。どうしよう〉というくり返しや、〈三年しか生きられぬのじゃあ〉という嘆きからも、おじいさんの恐怖や落胆が伝わってきます。

転んだまさに〈その日〉から、おじいさんは〈ごはんも食べず〉〈ふとんにもぐりこみ〉ます。そして〈とうとう病気になって〉しまいました。お医者さんを呼んでも、薬を飲んでも、おばあさんがつきっきりで看病しても、おじいさんの病気はどんどん重くなりました。言い伝えどおりになっていくことが、くり返し語られています。これを**反復法**と言います。このくり返しによって、おじいさんの病気はどうなるんだろう、おじいさんの寿命は、と読者は気をもむことになります。そうして〈村の人たちもみんな心配〉するほどに、おじいさんの具合は悪化していきました。

◇ひっくり返したものの見方・考え方

三場面は〈そんなある日のこと……「おじいさんの病気はきっとなおるよ。」〉からです。これも**仕掛**です。一体どういう名案があるんだろう、どうすればおじいさんがなおるのだろうと、読者は思います。そこで、トルトリが、〈三年とうげで、もう一度転ぶんだよ。」〉と意外なことを言うので、おじいさんは怒ってしまいます。

トルトリは、〈「一度転ぶと、三年生きるんだろ。……このように、何度も転べば、ううんと長生きできるはずだよ。」〉と話します。これは、逆転したものの見方・考え方です。〈三年きりしか　生きられぬ〉という言い方の意味を逆転して、一度転ぶと三年生きる、だから、何度も転べば、〈ううんと長生きできるはずだ〉というわけです。おじいさんはしばらく考えていましたが、トルトリの考え方に賛同しました。一刻も早くと、ふとんから〈はね起き〉て、三年とうげでわざとひっくり返り転びます。

◇歌に表れる人生観の違い

四場面は〈このときです。ぬるでの木のかげから、おもしろい歌が聞こえてきました〉からです。この歌は、**「変化をともなって発展する反復」**です。〈一度、二度、三度、四度〉というくり返しが、〈一ぺん、十ぺん、百ぺん〉と変化発展させた反復になっています。この三・四場面のトルトリの歌は、一・二場面に出てきた三年とうげの歌と対比になっています。一・二の場面は、大変消極的な意味をもちますが、三・四場面は、積極的な意味をもっています。三・四場面の歌は言い換えに過ぎないし、ごまかした言い換えになっていますが、そこには、後ろ向きの消極的な人生観と前向きの積極的な人生観とが対比されています。そして、〈こけて　転んで　ひざついて、しりもちついて　でんぐり返り、長生きするとは、こりゃ　めでたい。〉というのですから、こけたり転んだりしながら長生きする人生だったら、こんなにめでたいことはないという人生観になっています。

おじいさんは、すっかりうれしくなって、ふもとまで転がって、〈「もう、わしの病気はなおった。百年も、二百年も、長生きができるわい。」〉と、すっかり元気になり、長生きしたということです。しかし、おじいさんは、あの歌が迷信であることを認識したのではありません。信じているからこそ、わざと何度も転んだのです。

◇主体的に生きる

五場面はエピローグです。〈ところで〉と、話題を転換して、〈木のかげで…と歌ったのは、だれだったのでしょうね〉と書いています。もちろん子どもたちは、「トルトリに違いない。」と言うでしょう。もしこのトルトリのことばがなかったら、もしおじいさんがこのトルトリのことばを信じていなかったらと**仮定**して考えると、おじいさんがここまで回復することがなかったと考えられます。おじいさんは歌によって自信をもてたために、長生きできたのです。歌って転んで、長生きできたのです。

トルトリの歌は、「よし、おれは、長生きするぞ。すべって転んだって長生きするぞ。」という積極的な人生観、前向きな生き方を説いたものです。マイナスをプラスに転換する。これが主体的な生き方なのです。人生はこのようなものなのです。これからは、転んだって、すべったって、「三年とうげ」を思い出してがんばりましょう。

（この項は、旧『指導ハンドブック中学年』の文章をもとに一部書き加えたものです。／奥　葉子）

【参考文献】『西郷竹彦文芸・教育全集7巻』（恒文社）

【「三年とうげ」の指導案例――全体の概要】

◉ねらい

・トルトリのマイナスをプラスに転換して前向きに生きる考え・知恵に共感させる。

《だんどり》

これは朝鮮の民話であることを押さえましょう。民話には、脈々と語り継がれてきた民衆の知恵が凝縮されています。しかし、国は違っても、たくましく生きる民衆の姿に変わりはありません。

《とおしよみ》（主な発問）

Q　三年とうげは、どんなとうげですか。

・美しい・幸せになる（春や秋の様子の**類比**）

・おそろしい、不幸になる（とうげの様子と言いつたえの**対比**）

Q　おじいさんはどんな人物でしょう。三年とうげで転んだ後の様子から、考えてみましょう。

Q　言い伝えとトルトリの言ったことを比べてみましょう。（**対比**）

《まとめよみ》

Q　重い病気だったおじいさんが、なぜ幸せに長生きできたのでしょうか。（**理由**）

《まとめ》

日本や他の国々にも、民話がたくさんあります。そのような作品で「つづけよみ」をして、民話の世界を楽しむのもいいでしょう。

【「三年とうげ」一場面（五〇頁一二行目まで）の板書例】

三年とうげ　李錦玉

◉めあて　三年とうげはどんなとうげか。

ようす

春
なだらか
すみれ、たんぽぽ、ふでりんどう
さきみだれ
れんげつつじ
だれだってため息の出るほど
よいながめ

秋
かえで、がまずみ、ぬるで
とうげからふもとまで
美しく色づき
白いすすきの光るころ
だれだってため息の出るほど
よいながめ

類比

美しいとうげ
幸せになる

対比

言いつたえ

転ぶでない
三年きりしか　生きられぬ
長生きしたけりゃ　転ぶでない
転ばないように　おそるおそる

類比

おそろしいとうげ
不幸になる

25 たから島のぼうけん

「……想像したことなどを基に、詩をつくったり、物語を書いたりすること」の言語活動例を受けての単元です。今まで学習した物語をもとに「はじめ・中（つづき）・おわり」の組み立てを考えます。

〈はじめ〉では、時・場所の状況設定と人物設定をします（もちろん語り手の設定も含めて）。「中」（つづき）では、事件とその解決がくり返し起こり、結末へと至る筋の展開を、行動（叙事）や会話、描写、説明の表現方法をつかって書いていきます。「おわり」では物語のむすびをかきます。語り手、表現方法など物語文の学習の積み重ねがあるかないかで、作品の完成度は違ってくるでしょう。

（上西信夫）

26 言葉を分類する

〈いろいろものがあるとき、その中の、同じとくちょうをもつものどうしをまとめると、全体をいくつかの集まりに分けることができます。これを分類といいます〉と分類の定義をまずしています。この〈わける・まとめる〉という認識方法は、中学年の重要な課題です。

「立つ・すわる・書く・走る」などの動きを表す言葉（動詞）、「うれしい・くやしい・赤い・大きい」などの様子を表す言葉（形容詞）、「学校・ノート・遠足」などの物や事を表す言葉（名詞）の分類は、何を表す言葉かという観点で分類したものです。言葉には性質や役割のうえで類別があることを理解させたいと思います。

（上西信夫）

27 「雪」（三好達治）

◇太郎と次郎を眠らせているもの

二行構成の短い詩です。しかし、この詩の中には、様々な作者の工夫**（虚構の方法）**が見られる優れた詩です。まず、〈太郎を眠らせ〉〈次郎を眠らせ〉ているのは誰なのでしょう。題名が〈雪〉とあるので、「静かに降る雪」が太郎と次郎を眠らせているように思われます。しかし、実際は太郎と次郎の母親か祖母が夜に子ども（孫）を眠らせているとも考えられます。このことをふまえて読むと冷たい〈雪〉が、暖かく優しい母親的なイメージに読めてきます。この雪は静かに降り積もる優しく温かなイメージです。

◇視点の移動

次に**語り手**の語り方についてです。まず、語り手は家の中にいて〈太郎を眠らせ〉と太郎の様子を語っています。そして〈太郎の屋根に雪ふりつむ〉と今度は家の外から屋根に降り積もる雪の様子を語ります。次はまた〈次郎を眠らせ〉と**語り手の視点**（**目と心**）は家の中に転じ、さらに〈次郎の屋根に雪ふりつむ〉と再び次郎の家の外に**視点**が転じます。このように家の内・外・内・外と**語り手の視点**が移動していきます。この**語り手の視点の移動**をふまえたイメージを作らせる必要があります。

◇雪の降る世界

類比している言葉に目をつけて考えると、まず〈太郎を眠らせ〉〈次郎を眠らせ〉と「○○を眠らせ」という言葉が**類比**しています。太郎や次郎という名前はどこにでもあるような、いわゆるありふれた名前です。〈太郎〉〈次郎〉と続けて**過程的に考える**とこの後「三郎、四郎……」と村全体に、そしてさらに広い世界に雪が降り積もるようなイメージがします。

さらに一行目と二行目の文末が〈ふりつむ〉〈ふりつむ〉と**類比**（**くり返し**）していることで、雪がいつまでも降り続くようなイメージもします。たった二行の詩ですが、空間的なそして時間的な広がりが感じられます。

（村尾　聡）

【参考文献】西郷竹彦『増補　名詩の美学』黎明書房　２０１１年
西郷竹彦『名詩の世界　西郷文芸学入門講座　第１巻』光村図書　２００５年

28「ゆき」（草野心平）

◇平仮名表記

七四頁の「雪」（三好達治）の詩と《くらべよみ》（**類比・対比**）するといいでしょう。同じ題材ですが、共通するイメージ（**類比**）と少し違うイメージ（**対比**）があります。

「雪」の詩と明らかに違う所はこの詩がすべて「ひらがな表記」の**つづけがき**で書かれていることです。句読点もありません。このことはこの詩の世界に降る雪のイメージを表しています。つまり、やわらかな、優しいイメージの雪が静かにいつまでも降り続くというイメージです。ひらがなは「漢字仮名混ざり文」と比較すると「やさしい」「やわらかな」イメージがし、つづけがきすることで、雪がいつまでも静かに降り続くイメージがするからです。

◇詩の形

次に詩の形（**構造**）を見てみましょう。

この詩の形そのものが、雪が降り続くイメージを視覚的に表現しています。さらに、詩全体が左右対称の形になっています。雪が降り積もる世界は、右も左も左右対称に同じように降り続くイメージだからです。

七六頁の「雪」（山村暮鳥）の一字下がり・五字下りの字配（詩の形）との《くらべよみ》

からも、詩の世界の豊かなイメージ化と意味づけも可能です。

◇声喩

この詩は〈しんしんしんしん〉という**声喩**が**類比（くり返し）**しています。声喩はものごとの様子を表すと同時に語り手の気持ちも表しています。この声喩は「静かに」「いつまでも」降り続く雪のイメージを表していると同時に自然の営みに対する語り手の気持ちも表しています。

（村尾　聡）

【参考文献】西郷竹彦『名詩の世界　西郷文芸学入門講座　第5巻』光村図書　2005年

29「雪」（山村暮鳥）

◇題名について

「雪」という題名です。実に素っ気ないのですが、題名の役割を子どもたちと一緒に考える必要があります。それぞれの地方によって、読者の雪に対する体験や、イメージはさまざまです。あまり雪の降らない地方と、冬になれば雪に閉じこめられている地方の読者では当然雪に対するイメージは違ってきます。また、読み手の体験によっても違いがあることでしょう。そうしたイメージの違いを語り合い、出し合ったあと、この詩はどんな雪について表現しようとしているのか投げかけてみましょう。読者である三年生の子どもたちが興味をもてるように授業で仕掛けるのです。この投げかけによって、雪のどんなことをテーマ（**観点**）にした詩なのかを意識させながら授業をすすめることができます。題名指導では、興味を引き出し、観点を意識させることが大切です。

◇作家と話者（語り手）、聴者（聞き手）、人物について

作者は山村暮鳥という成人の男性です。しかし、**話者（語り手）**はことばづかいから、女性であろうと推測されます。このことからも、子どもたちには話者についてきちんと教えることが大切です。つまり、話者は作者がつくった人物であり、話者と作者は同じでないことがあることを教えましょう。

話者である「わたし」が、**聴者（聞き手）**に語っています。静かで上品な語り口は、この詩の表現しようとしている内容とひびき合って詩のイメージをつくり出しています。

〈きれいな／きれいな／雪だこと〉

話者は 雪が一面に降り積もり、真っ白になった景色を見ながら語っているのでしょう。〈きれいな／きれいな〉と「重ねことば」で美しいということを**反復**し強調しています。そして、一字肩下がりで、〈雪だこと〉と語っています。雪の真っ白な美しさを語り手はさらに強調します。そして、どんなに〈きれい〉なのかを次のことばでさらに語ります。

〈畑も／屋根も／まっ白だ〉と続きます。助詞〈も〉は、畑や屋根だけではなく見るものす

べてがまっ白であることを表現しています。汚れなく、すべての色を消し去り、一面をまっ白な世界へと変えてしまう雪の美しさに、話者は感動しているのです。ここでも雪の白さと美しさがくり返され（**類比**）、強調されています。

次に〈きれいでなくって／どうしましょう〉と続きます。〈どうしましょう〉は、五字肩下がりで特に強調しています。〈きれいでなくって〉とは、女性が使う強める言い方です。〈どうしましょう〉というのは、この文脈からは、「きれいでないなんてことはあるはずがない。ぜったいにきれいなのです。」くらいの意味です。つまりこれ以上ないというくらいきれいだという思いを強調しているのです。

読者はここで、疑問をもつことでしょう。なぜ、話者はこんなにも雪の美しさを強調するのだろう、と。〈きれいでなくって／どうしましょう〉とまで言っているのです。読者はその**理由**を知りたくなります。つまり、ここまで雪の美しさを強調してきたのは、最後の一行に出合わせるためなのです。

最後の一行には、〈空〉ではなく〈天からふってきた雪だもの〉とあり、他ならぬ〈天〉から降ってきた雪だからこそきれいでないわけがないでしょうと言っています。〈天〉ということばは、「天国」、「天の神さま」というように使います。ですから、〈天から〉降るものは、聖なるもの・汚れのないもの・真っ白なものというイメージと重なることでしょう。

◇雪という条件と話者の人物像

雪という**条件**を考えてみましょう。自然のなせるわざでありますが、まるで神さまの贈り物のように、雪は一夜にして、すべてのものをまっ白な世界へと変えてしまいます。汚れ一つない真っ白な洗われたような世界です。そして、それは、すべてのものに平等に降りそそぐのです。そんな雪であるからこそ美しいと話者は語っています。それだけではなく、そうした雪に聖なるものを感じているのです。このように感じる話者は、どんな人物なのでしょうか。美しいものを美しいと感じる心をもち、自然を敬う心をもつ、心の美しい人物だといえるのではないでしょうか。

自然の美しさに感動し、自然とともに人がある喜びをうたった詩です。

（後藤美智子）

30「ありの行列」（大滝哲也）

◇文末の指導

説明文は普通、「です」「ます」という現在形の文末が使われます。くり返されること、習慣的・法則的なことは、日本語では現在形の文末をとります。一回的な出来事は、「～でした」「～ました」の過去形の文末をとります。だから、物語では「～でした」「～ました」で語るのが普通です。ここでは文末の違いを指導します。

◇現在形の文末

〈夏になると、庭や公園のすみなどで、ありの行列を見かけることがあります〉という書き出しは現在形の文末になっています。日常よくあることを表す書き方です。

次に、〈その行列は、ありの巣から、えさのある所まで、ずっとつづいています。ありは、ものがよく見えません〉とあります。ここも現在形になっているのは、いつでもどこでも見られるようなことがらを表現しているためです。

その後は、〈なぜ、ありの行列ができるのでしょうか〉と問いかけになっています。このような問いかけは、読者の興味・関心に訴える**仕掛**です。この問いかけに対する答えが、この後の文章になります。

◇観点に沿って説明文を読む

この問いかけが、この説明文の**観点**にもなっています。説明文は、ある観点に基づいて書かれています。説明文では、多くの場合、観点を何らかの形ではじめに読者に示します。ここでは、問いかけの形で観点を示しています。問いかけるのは、読者に問題意識をもたせ、そのことによって読者が身を入れてこの説明を聞くように仕向けるためです。

なぜ最初に観点を示すのでしょうか。それは問いかけの形にせよ、そうでないにせよ、読者に対して読む構え、心づもりをさせるためです。オリエンテーションです。「ありの行列がなぜできるのか」ということが、ここでは問題になり、その心づもりで読者は後の文章を読んでいくことになります。説明文では、ほとんどの場合最初に観点を明示しているのです。

また、この題名でも観点を示しています。この説明文では、「ありの行列がなぜできるのか」と行列ができる理由を観点にしています。題名もこの観点にそって〈ありの行列〉になっています。題名で観点を示し、書き出しでもまた観点を示しています。これは説明文が文芸作品と違うところです。

◇文末表現に目を向ける（現在形と過去形）

次に、〈アメリカに、ウイルソンという学者がいます。この人は、次のような実験をして、ありの様子をかんさつしました〉というように、ありの実験・観察のことが出てきます。その中に、〈はじめに〉〈次に〉という順序を示すことばがあり、実験・観察した順序に沿って説明をしています。そのほうがわかりやすいからです。

〈はじめに〉〈ありの巣から少しはなれた所に、ひとつまみのさとうをおきました。しばらくすると一ぴきのありが、そのさとうを見つけました〉と実験・観察の様子が書かれています。

ここには、ウイルソンの実験の工夫があります。もしありの巣から遠くだったら、なかなかさとうを見つけることができませんから、実験に時間がかかりすぎます。逆にもしありの巣からすぐ近くだったら、長いありの行列ができないことになるかもしれません。このように**仮定**

して考えさせると、実験に都合のいい距離である〈ありの巣から少しはなれた所〉に砂糖を置くという実験の工夫がわかります。また、〈ひとつまみのさとう〉も、実験の工夫です。少なすぎては、行列はできません。また、多すぎては、いつまでたっても行列がなくなりませんので実験の能率が悪くなります。

実験したことの文末は、〈ました〉〈ました〉と過去形で書かれています。これは、特殊、個別、一回的な出来事を語るときに使う用法、使い方です。ですから、物語とか小説は、過去形で語られるのが建て前です。この場合も特殊、一回的な出来事だから過去形になっています。

しかし、いつもくり返されること、習慣的なこと、法則的なことは現在形の文末をとるのが建て前です。たとえば、「太陽は東から出て、西に沈みます。」というのは、いつもくり返されることだからです。それから、「~というものは、~するものである。」という法則的なことも現在形で語られます。もちろん現在の出来事も現在形で語ります。

◇文を類別する(説明の文章と理由の文章)

次に〈これは、えさをさがすために、外に出ていたはたらきありです〉と書いてあります。これは説明の文章です。その後で、〈ありは、やがて、巣に帰っていきました。……次々と出てきました。……さとうの所まで行きました〉とあって、次に〈ふしぎなことに、その行列は、はじめのありが巣に帰るときに通った道すじから、外れていないのです〉とあります。〈~のです〉というのも、説明の文末表現です。

さて、〈次に〉の順序を示すことばがあって、〈行く手をさえぎってみました〉〈ちりぢりになってしまいました〉〈見つけました〉〈いきました〉〈歩きだしました〉〈帰っていきました〉というようになっており、〈行列の道すじはかわりません。……かたまりがなくなるまでつづきました〉とあります。ここまでが、ある日あるときずっと実験・観察した出来事を書いたものです。ですから、すべて過去形で説明されています。そして、〈これらのかんさつから、ウイルソンは、はたらきありが、地面に何か道しるべになるものをつけておいたのではないか、と考えました〉とこれらのことをまとめています。

次に、〈そこで〉とあって、〈体の仕組みを、細かに研究してみました。すると、ありは、おしりのところから、とくべつのえきを出すことが分かりました〉とあります。そして、〈それは、においのある、じょうはつしやすいえきです〉と、そのことを説明しています。最後に〈この研究から、ウイルソンは、ありの行列のできるわけを知ることができました〉とまとめをしています。ここまでが、実験、観察、研究のことを書いているところです。

次に、そこでわかった**わけ**について述べています。そのわけは、〈はたらきありは、えさを見つけると〉というところから〈そのため、えさが多いほど、においが強くなります〉というところまで書かれています。ここに行列のできるわけを述べています。ここは、過去形ではなく現在形になっています。それらをまとめて〈このように、においをたどって、えさの所へ行ったり、巣に帰ったりするので、ありの行列ができるというわけです〉としています。ここには、〈わけを知ることができました〉という内容が、書かれています。そして、そのことを

〈ありの行列ができるというわけです〉と締めくくっています。

◇文の構成

この説明文では、まず日常よく見られる事実から出発しています。次に〈なぜ、ありの行列ができるのでしょうか〉という問いかけで観点を明示します。そしてウイルソンという人の実際に行った実験・観察の様子を、具体的に順序をおって説明します。そこは、ずっと過去形になっています。特殊、一回的な出来事だからです。そして、〈これらのかんさつから〉とまとめをして、さらにそこから体の仕組を細かに研究することが始まります。そして、そのことから行列のできるわけが書かれています。そのわかったことの説明を最後にして終わるという組み立て、**仕組**、**構成**になっています。

◇なぜ蒸発しやすいえきなのか

さて、なぜ蒸発しやすいえきでなければならないのでしょうか。この問題を考えるためには、蒸発しにくいえきであったらどういうことになるのかと裏返し考えてみることが必要です。これを**仮定**するといいます。「もし〜ならば」と仮定すると非常によくわかります。そのためには、その行列のできるわけが書いてあるところを読まなければなりません。

〈はたらきありは、えさを見つけると、道しるべとして、地面にこのえきをつけながら帰るのです。ほかのはたらきありたちは、そのにおいをかいで、においにそって歩いていきます。

そして、そのはたらきありたちも、えさをもって帰るときに、同じように、えきを地面につけながら歩くのです〉とあります。帰ってくるときに、えさをくわえてくるありが、全部その通り道に〈えき〉をつけて帰ってきます。そのため、えさが多いほどにおいが強くなります。ですから、またそのにおいをたどって、次から次へとありがえさを運びに出かけ、また帰ってきます。ところが、えさがなくなったとしても、そのにおいの道は残っています。もし、これがずっと残るとしたらどうなるでしょう。後から後から出かけていくありが無駄足を踏むことになります。ですから、えさがなくなってきたら、今度は帰ってくるありは、〈えき〉をつけないのです。ようするにえさを持って帰ってくるときだけ〈えき〉をつけます。ところが、えさがなくなったら、ありは帰ってくるときは〈えき〉をつけませんが、前の〈えき〉は残っています。この残った〈えき〉は蒸発しやすい〈えき〉なので、どんどん消えてなくなります。数匹は無駄足を踏むかもしれませんが、その他のありは無駄なことをしなくていいのです。もし、これがいつまでも蒸発しなかったら、ありはずいぶん無駄足を踏むことになるのです。

◇書いてあることから書いていないことをわからせる（仮定・条件というものの見方・考え方）

〈ありの行列は、さとうのかたまりがなくなるまでつづきました〉とあります。ということは、なくなったらもう続かないということです。なぜかというと蒸発しやすいえきだからです。蒸発しやすいえきだったらどうなるかということは、その後の〈えさをもって帰るときに、同じように、えきを地面につけながら歩くのです〉と書かれているところからわかります。裏返すとえさを持って帰らないときは、〈えき〉をつけないと考えることができます。そうすると、蒸発しやすいえきですから、においの道が消えてなくなるということになります。だから、実際に実験・観察しなくても、ここに書かれている文章からこれだけのことがわかるのは、条件・仮定という「ものの見方・考え方」をしたからです。説明文でもこのように説明不足のところもあります。蒸発しやすいえきという条件についての理由は書いてありません。だから、逆にそこをとりあげて指導しなくてはいけません。書いていないけれども、**条件・仮定的**に考えれば、あらためて実験や研究をしなくても文章だけでわかるのです。

説明文の指導では、書いてあることから書いていないことをわからせる、つまり書いていないけれども、書いてあることから新しいことをわからせるという指導もあります。

（この項は、旧『指導ハンドブック中学年』の文章をもとに一部書き加えたものです。／二村知幸）

【参考文献】『文芸研の授業11「ありの行列」の授業』（中村登志子著・明治図書）

【「ありの行列」（一～三段落）たしかめよみの指導案例】

◉めあて　書き方の工夫を見つけよう。

Ｑ１　一段落で不思議だなと思ったことを言いましょう。

・ありはものがよく見えないのに、なぜえさまで行列できるのでしょうか。

Q２　一段落の書き方の工夫を見つけましょう。
・疑問を出し、問いかけている。（仕掛）
・これから勉強することがはっきりわかる。（観点）
Q３　二段落の書き方の工夫を見つけましょう。
・〈次のような実験をして〉と興味づけている。（仕掛）
・「この疑問を解決するために、みんなもウイルソン博士になってもらいましょう。」と興味づける。
Q４　どんな条件にした実験をしていますか。
・ありの巣から少しはなれた所に、ひとつまみのさとうをおいた。
Q５　ありになってさとうを探してみよう。（「もし遠くだったら、もしすぐ近くだったら」と仮定して考えさせる。）
（ウイルソンの実験の工夫に気づかせる。〈ひとつまみ〉については四段落でふれる。）
Q６　三段落で工夫している書き方を見つけましょう。
・〈しばらくすると〉〈やがて〉〈すると〉〈そして〉と順序を表すつなぎことばを使って観察した順序で書いている。
・実験したようすと説明と考えたことで**文末**を区別している。
・〈ふしぎなことに〉と興味をもたせる書き方をしている。（仕掛）
・観点から外れないように書いている。

【「ありの行列」（一～三段落）の板書例】

ありの行列　　大滝　哲也

◉めあて　書き方の工夫を見つけよう。

（じょうけん）ありはものがよく見えない

（ふしぎ）なぜ、ありの行列ができるのか。　かんてん
しかけ

〈実験1〉

（じょうけん）巣から少しはなれたところに

もし遠くだったら
もしすぐ近くだったら

実験のようす

つなぎことば　　文まつの書き分け

しばらくすると　　ました。
↓
やがて　　ました。
↓
すると　　ました。
↓
そして　　ました。
です。（せつめい）

のです。（考えたこと）

しかけ…新しいぎもん
ふしぎなことに
かんてんから外れていない
行列は、はじめのありの通った道すじから外れてない。

㉛しりょうから分かる、小学生のこと

全国一斉学力調査・国語に出題されている非連続型テキストの読解に対応する単元です。図表や絵、写真などの資料を取り上げ、そこから読みとったことをもとに話したり、それを聞いたりする言語活動です。目的に応じて効果的に情報を得たり、自分の考えをもったりすることなどが求められます。

教科書では、グラフが中心に取り上げられていますが、表やグラフは、変化や傾向、順位、時間の経過などを表したりするのに役立つものです。中学年では、話すときにこのような資料を取り上げ、相手にわかりやすく説明や報告をするなどの活動を大切にしたいものです。

（上西信夫）

32 ことわざについて調べよう

「長い間使われてきたことわざや慣用句、故事成語などの意味を知り使うこと」（伝統的な言語文化に関する事項）と「疑問に思ったことを調べて、報告する文を書く」言語活動（書くこと）を組み合わせた単元です。いろいろなことわざを特徴ごとに**類別**して、その意味を報告します。分類の仕方は九九頁に載っているものを参考にします。

【とくちょうを分類する】

①出てくるものに着目する……………動物・数字・食べ物・虫
②表現のとくちょうに着目する…………くり返し・たとえ・組み合わせ
③意味に着目する………………………教訓・にた意味・反対の意味

報告文を書くとき、本で調べて書くことが中心になります。以前に学習した目次や索引を使って調べる方法の復習や、どの本で調べたか後でわかるように、書名・筆者名（監修者名）・出版社名・発行年も記録するように指示します。

市販の教材で、ことわざが日めくりの体裁になっているものがあります。朝の会の一コーナーに「今日のことわざ」を日直に発表させることも有効です。

（上西信夫）

33「モチモチの木」（斎藤隆介）

◇授業は人間を基本に

どのような文芸作品も、人間の真実が美（おもしろさ）として表現されています。この教材でも、人間観を基本において授業を考えることが大切です。

まず作品を、**話者**（語り手）がどんな語り方（**話体**）をしているかで見ていきましょう。

◇話者（語り手）と読者の関係を押さえる

話者は冒頭から、〈全く、豆太ほどおくびょうなやつはない〉と断定的な口調で語り始めます。そのあと豆太が「おくびょう」であることを、あれこれの事実で列挙します。〈もう五つにもなったんだから、夜中に、一人でせっちんぐらいに行けたっていい〉〈夜中には、じさまについてってもらわないと、一人じゃしょうべんもできないのだ〉と語っています。話者は、豆太が「おくびょう」であることを、「もう五つにもなったんだから」と、**根拠・理由**をあげて断定的に主張します。読者は、語り手の言うとおりに読み進めていきますから、〈全く、豆太ほどおくびょうなやつはない〉と言われると「本当におくびょうだな。」と思ってしまいます。

しかし、一方で読者は、「五つぐらいだと、夜中に一人で行くのは怖いのではないか。」とも思います。〈もう五つにも〉と語り手が言っているけれど、「まだ五つなんだから」という思いもものではないでしょうか。書き出しのところで、話者と読者のあいだにそういう微妙なずれをはらみながら物語は展開していきます。

◇おくびょうな豆太を強調

〈真夜中に、豆太が「じさまぁ。」って、どんなに小さい声で言っても、「しょんべんか。」と、すぐ目をさましてくれる〉というところは、いかに豆太がおくびょうかということとして語られています。同時に、読者は、「じさまは、本当に豆太がかわいいんだなあ。」と読みたいところです。

もちろん豆太の「言い分」もとりあげます。〈せっちんは表にあるし、表には大きなモチモチの木がつっ立っていて、空いっぱいのかみの毛をバサバサとふるって、両手を「わあっ。」とあげる〉からという、豆太の言い分もとりあげながら、話者は豆太がいかにおくびょうかということを力説しているのです。

じさまが夜中に起こされてもすぐ目を覚ますのは、どうしてかという読者の疑問を先取りして、話者は多分こうであろうと理由を二つつけ加えて語ります。〈一まいしかないふとんを、ぬらされちまうよりいいから〉と〈豆太がかわいそうで、かわいかったからだろう〉という話者の想像した理由をあげています。

しかし、じさまにしてみれば、ふとんをぬらされるからというよりは、豆太がかわいくてしょうがないから、「じさまぁ。」と言うとすぐ目をさますんだなあ、と話者の言っていることをひっくり返して読むことが大事です。その証拠に、そのあと〈それに、とうげのりょうし小屋に、自分とたった二人でくらしている豆太が、かわいそうで、かわいかったからだろう〉とつけ加えて語られています。

「おくびょう豆太」の場面のおわりに、〈どうして豆太だけが、こんなにおくびょうなんだろうか――。〉とあります。その豆太をだれと比べているのでしょうか。話者は、じさまやおとうと**対比**して豆太がおくびょうだと強調します。

◇夜のモチモチの木を見ただけでも

次の「やい、木ぃ」の場面でも、豆太がおくびょうだということが語られます。豆太は、昼間はいばっているくせに夜になるとからきし駄目で、モチモチの木を見ただけで小便も出なくなり、じさまに〈「ああ、いい夜だ……それ、シィーッ。」〉と言ってもらわないと、小便も出ないほどおくびょうだと決めつけています。

◇霜月三日のばんでも

（教科書では「霜月二十日」とありますが、後で述べる理由により、ここでは「霜月三日」とします。）

山の神様のお祭りがある霜月三日の夜には、モチモチの木に灯がともるというすばらしい光景を勇気のある子だけが見ることができます。それを豆太は見たいけれど、真夜中に一人では怖くて出かけられず、諦めて寝入ってしまいます。こう語ることで、話者は、豆太のおくびょうさをさらに強調します。

このように、話者は終始、豆太がおくびょうであることを語ります。いくつかの事実を**反復・類比**し、また、じさまやおとうと**対比**して**強調**します。この説得の論法を使って豆太がいかにおくびょうかを強調し、嘆いています。

◇モチモチの木に灯を見た豆太は勇気のある子どもか

じさまの急病で、豆太は、寝間着のまんま、裸足で飛び出し、半道もある怖い山道を麓の医者様のところまで駆けていきます。豆太は小屋へ入るとき、灯がともっているモチモチの木を見ることができました。〈けれど、医者様は、「あ、ほんとだ。まるで、灯がついたようだ。だども、あれは、とちの木の後ろにちょうど月が出てきて、えだの間に星が光ってるんだ。そこに雪がふってるから、明かりがついたように見えるんだべ。」と言って、小屋の中へ入ってしまいます。医者様は、「とちの木」と言い、いかにも医者らしく、客観的・実証的に、月や星や雪の諸条件の絡み合いで、灯がともったように見えるだけだと説明します。

しかし、それを聞いたじさまは、それを否定し、豆太が「勇気のある子」だったから見ることができたのだと反論します。もちろん、それは豆太に対する愛情から出た励ましのことばと言えましょう。このじさまのことばは読者にとっても説得性のあるものであると言えます。読者にしても、どこかで、豆太をおくびょうと思いたくない気持ちがあるからです。
ところが、そんな読者の思いに、話者は、「うっちゃり」を食わせます。最後の三行です。

◇作者の仕掛「どんでん返し」

〈―それでも、豆太は、じさまが元気になると、そのばんから、「じさまぁ。」と、しょんべんにじさまを起こしたとさ。〉

これまで、読者は、話者の語るとおり、おくびょうと思い込まされてきたものの、じさまのことばで「実は勇気のある子だったのだ。」と思いかけたとたん、読者はこの話者の語りで、いきなり「うっちゃり」、あるいは「どんでん返し」を食わされます。

さて、ここで大事な問題があります。一番最後に出てくる三行の話者の語りをなぜつけたかということです。これは《とおしよみ》を終えた段階で、必然的に出てくる問いです。

せっかくいい話で終わったのに、また豆太はふりだしにもどってしまいます。実は、ここがおもしろいところです。作者の斉藤隆介さんの人間観が表れているところです。せっかく勇気のある子になったのに、また元へもどってしまったのか、豆太は、またおくびょうになったんだろうか、それとも、真夜中に走ったときもやはりおくびょうだったのだろうか、いやそれとも実はこれは甘えにすぎなくて、本当はやっぱり勇気のある豆太なのではないか、というように読者にはいろいろな思いが浮かんでくるはずです。つまり、読者に「うっちゃり」、「どんでん返し」を食わせることで、この作品全体を読み返すことを読者に要求しているのです。

作者はこの三行から、おくびょうとは、勇気とは何か、人間の本質をいかにとらえるべきかを考えさせるようにしているのです。この三行は、作者の企んだ仕掛（作者の工夫）です。それでは、なぜ作者は、このような語り方をあえて話者にとらせているのでしょうか。

◇豆太はおくびょうなのか、勇気のある子なのか（再読によって確かめる）

あらためて冒頭の場面から読み返してみましょう。

小見出しが「おくびょう豆太」とあります。話者は終始、豆太をおくびょうと語ります。前に説明したとおり、話者はその根拠・理由づけとなる事実を具体的に反復・類比し、また対比し、それを「おくびょう」という結論に結びつけていきます。

果たして豆太はおくびょうなのかという疑問をもった読者は、話者のあげた事実と話者による理由づけをあらためて再検討・再吟味することになります。話者とは別の理由づけが可能かどうかを試みるというわけです。

◇〈おとう〉と〈じさま〉と比べておくびょうと言っていいのか

話者は、豆太の剛胆であったおとうと比べてどうして豆太はこんなにおくびょうなのかと語っています。じさまとも同じように比べています。

しかし、語り手は豆太はおくびょうだと言っているけれども、逆に読者は、あんな〈おとう〉や〈じさま〉と比べて、〈それなのに、どうして豆太だけが〉というのは、酷だなあという気持ちになるはずです。〈くまと組みうちして、頭をぶっさかれて死んだほどのきもすけだった〉という豪胆な〈おとう〉、そして、〈六十四の今、まだ青じしを追っかけて……とびうつりだって〉見事にやってのけるような〈じさま〉と比べているのです。

他の五つぐらいの男の子と比べていうなら、読者も納得するでしょう。ここで、〈それなのに〉とあるのは、前に説明されている豪胆な〈おとう〉や、〈じさま〉と比べる言い方です。話者は、わざわざそのことを読者に意識させているのです。「まだ五つなので」という言い方に変えれば、おくびょうとは言えないはずです。ですから、話者の語っているとおりに、額面どおりに受けとってはいけないのです。

読者はこの事実から、話者の意図とは逆に、豆太が怖いのは、実は真夜中に出てくるやもしれぬ、父を殺した熊が怖いのではないか、という考えが出てくるのではないでしょうか。

◇熊への恐怖感

あらためて〈やい、木ぃ〉の場面の、次の語りを検討してみましょう。

〈じさまが、しゃがんだひざの中に豆太をかかえて、「ああ、いい夜だ。星に手がとどきそうだ。おく山じゃぁ、しかやくまめらが、鼻ぢょうちん出して、ねっこけてやがるべ。それ、シイーッ。」って言ってくれなきゃ、とっても出やしない。〉

〈おく山じゃぁ〉ということは、熊が奥山で寝ているのでこのあたりに出てくる気づかいはないことを言外に示している話し方です。しかも〈しかやくまめら〉と、熊と鹿を並列しています。これは獰猛な熊をおとなしく臆病な鹿と同列に扱っていることで、豆太の熊に対する恐怖感を和らげる意図があると言えましょう。〈鼻ぢょうちん出して、ねっこけて〉ということは、熊のイメージを滑稽なものに転じる効果をねらったものです。しかも、ぐっすり寝転がっているというのですから、このあたりに熊が出てくることはないことを豆太に伝え、安心させようとしているのです。

じさまが、こう〈言ってくれなきゃ、とっても出やしない〉という話者の語り方は、裏を返せば、こう言ってやれば豆太は安心しておしっこをするということです。これは明らかに、熊に対する恐怖感があるために、一人で深夜、外のせっちんにいけないのだということを意味しています。

そして、じさまはそのことがよくわかっているからこそ、夜中に起こされてもすぐ起きてやるし、またこんなことを言って、豆太の恐怖感を取り除いてやっているのだ、ということがはっきりします。一枚しかない布団をぬらされるよりもという話者があげる理由もあるでしょうが、何よりも、豆太が一人で外にあるせっちんに行けない真の理由が熊にあることを、じさまは知っているからこそ、すぐ目を覚まして外に連れて行くのだと言えましょう。

熊に対する恐怖心がいかに深いかということは、真夜中にじさまがうなっていたときに〈くまのうなり声〉と錯覚して跳び起きたことにも現れています。熊に対する恐怖心が潜在意識の中にどれだけ深く刻みこまれているかがわかります。

モチモチの木に灯がともるのを見たかったが、諦めて寝てしまったのも、医者様のところへ行くときも怖くて泣き泣き走ったというのも、すべて、熊とばったり出会うのが怖かったからです。

◇モチモチの木が怖いのは

このように考えてくれれば、真夜中、外に出ると、モチモチの木がお化けのように頭の上から〈空いっぱいのかみの毛をバサバサとふるって、両手を「わあっ。」とあげるから〉、それが怖くて、外に出られないと話者は説明するのですが、実は、熊に対する恐怖心があるため、昼間は、「やい、木ぃ」といばりくさって言う相手でも、熊の出るかもしれぬ夜は怖くてならず、モチモチの木の葉のそよぎにも震え上がってしまうのです。

秋には「めぐみの木」であるモチモチの木が、夜はお化けのように感じられてしまうのは、実は、モチモチの木が怖いのではないのでは、という疑いが生じます。

たとえば、幽霊が出るのではとおそれている人は、夜道で白いススキの穂が揺れただけで、「幽霊が出た。」と跳び上がって逃げます。明らかにこれは、ススキが怖いのではなく幽霊が怖いのです。豆太もモチモチの木が怖いのではないのです。熊が怖いから、夜はモチモチの木までが怖く感じられるのです。

これらの事情を勘案すると、〈もう五つにもなったんだから〉といって、豆太をおくびょうと決めつけるのは言いすぎではないか、と思われます。熊が出るかもしれない夜の山の中では、大人だって怖いのですから、まして五歳の幼い子なら当然のことでしょう。

◇「勇気のある子」と言われても

じさまは、豆太を〈勇気のある子〉だと励ましました。しかし、じさまが元気になると、また〈「じさまぁ。」〉と起こします。

おとうを殺した熊が死んだとか、殺されたとかということがない限り、豆太の熊に対する恐怖心がなくなるはずがありません。当然、前と同じようにじさまを起こすのは、無理もないことではありませんか。それを「おくびょう」とだれが決めつけられましょう。

作者はわざと話者に、モチモチの木が怖いと語らせているのです。しかし、今見てきたとおり、豆太が怖いのは、父を殺した熊の存在です。熊がいる以上、夜中に外に出られないのは当然です。これは、おくびょうか勇気がある子かという問題ではありません。たとえ大人であろうと、この状況では、一人で外へは出られないでしょう。

このように話者と人物と読者の関係は一筋縄ではいきません。そう単純で簡単ではありません。小学校段階で扱う作品の多くは、話者の語るとおりに受けとってもいいのですが、ときにはそうではない作品も教材の中に入ってきますから、注意して扱ってほしいと思います。

◇恵みをもたらすモチモチの木

次に、あらためて「モチモチの木」について、話者がどう語っているかを見てみましょう。

〈モチモチの木〉は、トチの木です。葉っぱは大きく、花はふさふさとしています。栗みたいな、大きな実がなります。昔はこの実をとって餅をつくったのです。「とち餅」と言いました。今でも、そういう餅をつくっているところはありますが、一般には手間がかかるのであまりつくられてはいません。昔、飢饉のときの救荒《きゅうこう》植物にもなっていました。〈秋になると、茶色いぴかぴか光った実を、いっぱいふり落としてくれる。その実を、じさまが、木うすでついて、石うすでひいてこなにする。こなにしたやつをもちにこね上げて、ふかして食べる〉とつくり方が書いてありますが、実際にはさらに水にさらし、あくを抜かないと、とてもしぶくて食べられないのです。集めた実を谷川のきれいな水に二、三日さらして、あくを抜きます。手数をかけて、ここには、この餅を食べるのには手数がかかることがくり返し書いてあります。手数をかけて、じさまが豆太のためにおいしい餅をつくってくれていることが大事なのです。そして、「モチモチの木」というのは、ある面から見ると恵みをもたらす木であることが語られています。

◇視点と条件によるさまざまなモチモチの木

しかし、夜になると〈木がおこって、両手で、「お化けぇ。」って、上からおどかすんだ〉と語られています。これは豆太の目と心に寄りそって語っていますから、豆太の気持ちが手にとるように見える文章です。真夜中には、熊が出るかもしれないという状況（**条件**）のもとでは、五つの幼い豆太にとっては「お化けの木」です。しかし、秋には、おいしい実をいっぱい恵んでくれるいわば「めぐみの木」です。また山の神様の祭りの日である霜月三日となれば、「美しい灯のともる木」でもあるのです。

しかし、医者様にとっては、ただの「栃の木」にすぎません。美しい灯がともるというのも、そのように見えるだけのものでしかないのです。ところが、じさまは、山の神様のお祭りの夜には、本当に灯がともったのだ、と言い切ります。一体、どれが本当の「モチモチの木」なのでしょうか。

豆太という幼い人間の視点からは、それぞれの条件次第で、そのイメージ（相）はさまざまです。お化けの木でもあり、恵みの木でもあり、美しい灯のともる木でもあるのです。どれが本当ということはありません。どれもがそれぞれに本当なのです。

また、医者様にとってはただの「栃の木」です。じさまにとっては「山の神様のお祭りの日には、美しい灯のともる木」です。

まさに、人さまざまです。視点が変われば、その認識も変わるのです。また、条件が変われば、そのイメージ（相）がさまざまに変化します。「十人十色」です。

◇題名がなぜ「モチモチの木」なのか

なぜ題名が豆太ではなく、「モチモチの木」なのか、という疑問に対する答えはここにあります。豆太が変わったのではなく、「モチモチの木」が**視点**と**条件**によって変わってくるのです。視点と条件によって、自然も人間も見え方が変わるということを「モチモチの木」を通して作者は読者に伝えたかったのです。

そもそも題名というものは、話者には関係ありません。小見出しをふくめて、作者がつけるものであり、それは、読者に、話者の語るところをあらためて考え直させる意図があります。つまり、このような題名のつけ方は、結びのことばと合わせて、作者の側からの読者に考え直させるための仕掛になっているのです。

◇どれが本当の豆太か

もう一つの問題は、なぜ作者は、わざわざ話者におくびょうだと決めつけるような語り方をさせたのかという問題です。

しょんべんにも一人で行けない豆太が本当なのか、それともじさまのために真夜中泣き泣き走っていくのが本当の豆太でしょうか。今「本当」と言いましたが、その「本当」ということも問われなければなりません。世間的な言い方をすれば、どちらが本当の豆太でしょうかということです。どちらも本当の豆太です。どちらも人間の真実です。一見、その二つは違ったもののに見えますが、人間の真実はそういうものなのです。どちらが本当の豆太かという問いのほうが、人間というものを理解しない問いなのです。にもかかわらず私たち教師もふくめて子どもも、常に人間にレッテルをはろうとする誤った傾向があります。

◇話者の語りと作者の思想

「豆太は、おくびょうで、しょうがない。夜中に一人でしょんべんにも行けないほどおくびょうなのか。それではそのつもりで見ていこう。」ということになりかねないのです。こう考えるのも多くの場合、無理もないと思います。私たち人間は認識する場合、いい人・悪い人とか、いじわるな人・やさしい人というような枠、あるいはパターンでまず人を見ます。いろいろなカテゴリーにあてはめて人間をとらえて、その人間をわかったつもりになります。それは一つのわかり方には違いないですが、実に図式的な、表面的な、固定的なわかり方でしかありません。人間というものはもっとダイナミックな、もっと矛盾をはらんで常に動いて生きているものです。状況によって、条件によっていろいろな姿を現すところに、人間の複雑な豊かさがあるのです。

たとえば最初の語り出しをもう一度見てください。〈全く、豆太ほどおくびょうなやつはない〉と話者（語り手）が語り出したときに、話者は「おくびょう」というレッテルを豆太にはっているのです。だから、すべてのことがおくびょうであるということと結びつけて説明されます。この話者は、豆太を愛しているにもかかわらず、豆太に対して共感をもっていながら、だからこそまた、じれったがって歯がゆがって、「豆太はなぜこうもおくびょうなんだろう、おくびょうでさえなければかわいい、いい子なのに。」という思いを込めて語るのです。ところが、おくびょうと思ってしまうとなんでもそこへ結びつけ、そうすればまたそう見えてくるという不思議さ、いや恐ろしさを考えてみなければなりません。

◇常識的なものの見方・考え方の代弁者としての話者

人間をある一つの型、固定概念にはめてとらえて見ると、すべてそう見えるものです。この作品の話者は、世間の普通の、人間のものを見る見方、人間を見る見方を代弁しているのです。教師が子どもを見る目、子どもが仲間を見る目がいつの間にか固定化してしまい、レッテルをはって見る見方でしか人を見ることができなくなっているのではないでしょうか。しかも、相手を愛しているにもかかわらず、いや愛しているからこそ、またそういう見方が常につきまとい、そのような見方をすることになってしまっているのです。

ですから、ここでの話者は、作者の人間の見方を代弁しているのではありません。つまり、作者が否定しようとする、作者がそうあってはならないと考えている人間のレッテルをはって固定的とらえ方をする常識の代弁者なのです。子どもも同じような常識をもっていますから、〈豆太ほどおくびょうなやつはない〉〈夜中に、一人でせっちんぐらいに行けたっていい〉と語り出されてくると「それはそうだなあ。」「そういえばそうだ。」とうなずくことになるのです。

しかし、一方でうなずきながら、その考え方をつき破っていく仕掛があるのです。話者の豆太を見る見方・語り方は、視点も条件も、まったく無視しての固定的見方・語り方です。いわゆる「レッテルをはる」という人間観です。しかし作者の自然を見る見方も人間を見る見方も、視点をふまえての、しかもそれぞれの条件をふまえての見方です。固定的にレッテルをはることをきびしく否定しているのです。作者は話者と同じではありません。話者は条件抜きで豆太を「おくびょう」とレッテルをはります。作者はむしろ、人間をおくびょうな人間か勇気のある人間かと二者択一的にレッテルをはる考え方をつき破っていきたいのです。そのように人間を見てはならないということが作者の思想としてあるのですが、それをそのまま直接語ってはいないのです。

◇この作品における虚構の方法

豆太はもともと勇気のある子であるとか、おくびょうであるとかレッテルをはれるような存在ではありません。普通の素朴な、あるがままの豆太です。普通の子どもと少しも変わりないのです。その普通の子どもが、真っ暗な山の中で、せっちんが外にある、しかも大きな木がおおいかぶさってくるという状況のなかでまだ五つという幼さから、それらを怖いと感ずるのは当たり前です。それをおくびょうだとかそうでないとかいうことにはならないのです。これは人間の当然の姿です。

たった二人きりで、しかもやさしく親切に自分を育ててくれる、かけがえのないじさまが、死ぬんじゃないかと思ったとき、豆太は駆け出していきます。実際は次の朝、治った程度の腹痛でしたが、五つの幼い豆太にとってはもう死ぬんじゃないかと心底思ったのです。そういうときに、泣く泣く駆け出して行くのは、勇気を出したとか、勇気があったからというのではなく、当たり前のことであり、真実の人間の姿なのです。

勇気があるとかおくびょうだとかというレッテルをはる問題ではないことを物語全編を通して、読者はわからなくてはなりません。最後の三行は、そこへ、読者の問いを向けさせていく仕掛なのです。それを**虚構**といいます。

虚構というのは、真実でないことを語っているからというのではなくて、日常的な意味をこえた深い意味をつくり出す、生み出すためのいわば**仕掛**、**仕組**ということです。この最後の三行は、他ならぬ作者が、読者をしてレッテルを引きはがさざるを得ないようにする方向づけです。これを、**虚構の方法**といいます。

◇話者がおくびょうだと決めつける語り方をなぜしたのか

それでは、話者をなぜ、あのようなまちがった常識の代弁者に仕立て上げて語らせているのでしょうか。それは、話者と同じものの見方・考え方をする読者である子どもたちが、結果において話者のレッテルをはるような見方を否定せざるを得なくするためです。それは、単に話者を否定したことになるのではなく、読者自身のなかにある、話者と同じ誤った常識を結果において否定せざるを得なくするためです。自分自身のなかにあるレッテルをはるものの見方を自分で否定していくことにもなるのです。授業では、そのことに気づかせなくてはならないのです。これが先ほど言った《**虚構の方法**》を授業に生かすことです。

最後の三行で読者が話者の人間の見方を否定するという構造が、同時に読者をして人間の固定的なとらえ方、概念でとらえるとらえ方をうち破る作者の人間理解の思想の根底に結局は立たざるを得なくなっていくのです。これを**作者の観点**といいます。作者は、そのような観点、そのようなものの見方、思想をもちながら、作者の思いとは違ういわゆる常識的な**話者の観点**を設定しているのです。

◇この作品のおもしろさ（美）

この作品で、大変おもしろい問題があります。それは、豆太は、モチモチの木に美しい灯がともるのを見たかったのですが、真夜中一人で外に出るのが怖くて諦めて寝てしまいます。

普通の物語や小説は、「人間は願いや理想に向かってあらゆる困難をこえてその願いの実現に努力し、その結果ついに願いを実現する」というのが一般的なあり方です。あるいは、豆太のように途中で諦めてしまうという展開が多いのです。ところが豆太は、美しいものを手に入れるために行動したのではなく、かけがえのないじさまを何とかして救いたいという思いで行動しました。すなわちその行為で、求めていたわけではないけれど、美を豆太は手に入れたのです。美を求めた行為の結果として美が体験できたわけではなくて、愛のためにした行為の結果が願っていた美を得たという話です。ここがおもしろいところです。また、読者からすると豆太のその姿、泣く泣くでも必死で駆け出した豆太の行為そのものが何よりも美しいと言えましょう。そうしますと、この物語の真髄が理解してもらえると思います。そのことを作者は人物の口を通して、〈人間、やさしささえあれば、やらなきゃならねえことは、きっとやるもんだ。〉と読者に語っているのです。

ここまでに出てきた「美」はものや行為の美しさです。作品のおもしろさである《美》はそれとは区別されます。美しいモチモチの木を見ようとしたのではないのに、じさまを救おうとしてモチモチの木の美しさを見ることができた「おもしろさ」「味わい」が**文芸の美**です。

◇〈霜月三日のばん〉と〈二十日のばん〉

〈霜月二十日のばん〉についてふれておきます。斉藤隆介さんが、この作品を発表したときには、〈霜月三日〉と書いてありました。ところが読者からいろいろ問い合わせというか、批判があったそうです。十一月の三日の真夜中、つまり丑三つどきに三日月が空にかかることはありえないというのです。三日月というのは、旧暦の三日の月です。夕方にかかります。ですから夜中に三日月が出るはずがありません。夜中に出る三日月のような月というのは、二十三夜の月です。

こういうことがあって、〈霜月三日〉を直して〈霜月二十日〉にしたのです。しかし、これは〈霜月三日〉が、本当は正しいのです。なぜかというと、霜月というのは、昔の言い方で、旧暦十一月ですが、霜月三日というのは、霜月二十三夜のことをいいます。二十三夜と言うと長ったらしいから、「霜月三日」と昔の人は言っていたのです。二十三夜には、夜中が過ぎてから、三日月のようなほっそりとした月がやっとあがってきます。それが霜月二十三夜の月なのです。それを〈霜月三日〉と略して言ったのです。

◇「二十三夜まち」ということ

昭和初期にはまだ、実際に「二十三夜まち」ということばがあったそうです。毎月二十三日の夜には、人の幸せ、家族の幸せを願ってお供えものをして、夜遅くまで起きていて、二十三夜の細い月が出るのを待ちながら願いをかけると、その願いが叶うといわれます。これを「二十三夜まち」といいました。たとえば、このとき、旅に出る人の安全を願うと、それが叶うということで「二十三夜まち」という行事がありました。

それは毎月ありますが、特に霜月、旧暦十一月の二十三夜の「二十三夜まち」は、一番さかんに行われました。一番幸せをよぶ、幸せになれると考えられていた月です。だから、毎月あるけれど「霜月三日」というのが、「二十三夜まち」の行事のなかで一番重要な祭りだったのです。ですから、ここは〈霜月三日〉とすべきなのです。

その後、豆太はまさにその夜に願いがかなえられました。ただ普通の日ではなく、〈霜月三日〉の夜だからこそという、深い意味があっておもしろいのです。

（この項は、『文芸教育』89号所収「話者の話体をふまえ、それを超える作者の文体」（西郷竹彦著）と、旧『教科書ハンドブック中学年』をもとに一部書き加えたものです。／野澤正美）

【参考文献】『西郷竹彦文芸・教育全集3巻』（恒文社）
『文芸研教材研究ハンドブック「モチモチの木」』（上西信夫著・明治図書）

【「モチモチの木」の指導案例 ― 全体の概要】

◉ねらい

・豆太はおくびょうと決めつける話者の語りに対してそのように見てはならないという作

者の考えをとらえさせる。

・見る人と条件によって、自然も人間もそのイメージが変わることをわからせる。

《だんどり》

作者・話者（語り手）・人物・読者の関係などを簡単にふれておく。

《とおしよみ》（おもな発問）

Q　話者が、豆太をおくびょうだと語るところを探しましょう。

Q　豆太にとってじさまは、じさまにとって豆太はどんな人でしょうか。

Q　豆太には夜と昼のモチモチの木はどのように見えますか。**（条件）**

Q　豆太が医者様を呼びに夜道を走ったのはなぜでしょう。

Q　豆太が、見ようと思わなかった美しいモチモチの木の灯をどうして見ることができたのですか。**（作品の美）**

《まとめよみ》

Q（最後の三行を読んで）おくびょうなのか、勇気があるのかどちらが本当の豆太なのでしょう。

（**条件**という考え方で最初から読み直し、どちらもあるがままの本当の豆太であることを引き出しましょう。）

Q　豆太とじさま、医者様はそれぞれモチモチの木をどのように見ているか比べてみましょう。**（視点と条件）**

《まとめ》

斎藤隆介さんの作品には、他にも『八郎』や『花さき山』『半日村』など、人間のやさしさからものごとを成しとげるお話がたくさんあります。同じ作者の作品で「**つづけよみ**」をしましょう。

【「モチモチの木」まとめよみの板書例（一部）】

モチモチの木	条件	豆太
おばけの木 おどかす ぶきみ	夜 おそろしいくま	こわがり おくびょう
めぐみの木 実 食べ物	昼　秋	いばっている 強がり
神様のお祭りの木 きれい かがやいている	霜月二十日 （特別な日） じさまが病気	勇気がある たくましい
すべてがモチモチの木のすがた		**あるがままの豆太のすがた、すべてが豆太**

34「とらとおじいさん」（アルビン=トレセルト 作／光吉夏弥 訳）

◇戯曲（脚本）教材について

文芸の一つのジャンルとして読むことができます。戯曲には、いわゆる描写や説明がありません。せりふとト書きによってすべてのものを描写し、説明します。つまり、登場人物の行動や言動、「いうこと」と「すること」を文章化したものです。

つまり、登場人物たちの行動や、せりふを通して登場人物の性格や心理、心情や登場人物たちの関係性を想像力、思考力を働かせて思い描くことが必要になってきます。

そこに戯曲を読む難しさや、またおもしろさもあると言えるでしょう。登場人物のせりふ一つで、その心情や、登場人物どうしの関係性が鮮やかに浮かび上がります。

そして、学習の後に実際にせりふやしぐさで表現し、より具体的に劇として表現することにもつなげることができます。

◇題名について

「とらとおじいさん」という題名ですが、「とら」と「おじいさん」が「と」という並列の助詞でつなげられています。「とら」と言えば「人食いどら」のようにおそろしい猛獣を連想します。そして、「と」でつなげられているのは「おじいさん」。力の弱い年寄りというイメージです。題名からも何か危険なようすをイメージさせます。題名を読むだけで物語性を想像させます。そして、読者は「どんなことが起きるのだろう。」「おじいさんは大丈夫かなあ。」と題名からも興味をもち（**仕掛**）、**観点**であるとらとおじいさんの関係について読んでいくことになります。

◇役

演劇では、各人が演じる受けもちを役と言います。登場人物になって、その人のせりふや行動やしぐさをしながら、舞台の上で、役になり、役どうしのからみ合いや互いの関係がさまざまに展開され、話が進んでいきます。

◇ト書きについて

せりふの前後に場面の状況や登場人物の動きなどの指定があります。それをト書きと言います。なぜト書きというのかというと、歌舞伎の脚本で「ト悲しき思い入れ」などと書いたことからそう言ったそうです（広辞苑より）。〈（まくが開くと、大きなとらがやって来る。）〉〈（とらがにおいをかぎつける。）〉〈（とらがおりに近づいていく。）〉〈（中に入ったとたんに、戸がしまって、とらは出られなくなる。）〉〈（おじいさんがやって来る。）〉……と書かれています。すべて現在形です。登場人物の行動を現在形で表現しています。ですから、ト書きを読むだけでどんなことが舞台の上で進んでいるかわかります。

◇せりふ

脚本ですから、登場人物の言うことがせりふとなって描かれます。せりふは「科白」と書きます。白は「白状する」「独白」というように、「言う」を意味します。「科」は、「分ける」という意味があります。ですから、せりふとは、登場人物が、役に従って分けて言うことばのことです。観客は舞台の上でのそのせりふや行動・しぐさから物語の推移を見、登場人物の人物像やその関係性やことの成り行きを見ていくことになります。その場（舞台）に立つ登場人物たちの心理や心情をせりふを通して、目撃者となってつかみとることが可能になるわけです。それは、観客だけではなく、脚本を読んでいる読者にとっても同じことです。

◇とらの基本的人物像

〈おれさまはジャングル一のりっぱなとらだ。どうだ、この見事な黒いしまは。どうだ、この長い長いしっぽは。どうだ、このするどいつめときばは。〉と言っています。説明できないので、とらのせりふからどんなとらかを自己紹介しています。こうしたせりふからとらの**人物像**が浮かび上がってきます。〈おれさま〉という自分を呼ぶ呼称から、威張っている自信満々のうぬぼれ屋であることがわかります。そして、その外見やするどいつめやきばをもつことから確かに強いらしいということもイメージできます。

さらに、〈おれさまがひと声、ウオッとやると、ジャングルじゅうがふるえあがる。ぞうはその場に立ちすくんで一歩も動けなくなり、さるは、手も足もしびれて木から落ちる〉と言っています。どれほどの力があるかを、くり返しくり返し**（類比）**、強調しています。〈ひと声〉で〈ジャングルじゅうが〉〈ふるえあがる〉のですから。しかも、あの大きなぞうさえも〈立ちすくく〉んで、〈一歩も動けな〉いし、、木登りの名人である〈さる〉でさえ、〈手も足もしびれ〉〈木から落ちる〉のですからどんなにおそろしいかを強調しています。

しかし、そこで言っていることにはちょっと笑ってしまいます。常識的には怖いものなしの、大きなぞうが立ちすくんだり、木登り上手なさるが木から落ちてしまうのですから。とらのこんなせりふにも常識とのずれ、**ユーモア**を感じます。この脚本にはこのようなユーモアを感じるところがたくさんちりばめられています。一緒に見つけて楽しむことをおすすめします。

そして、次のせりふ〈おや、なにかうまそうなにおいがするぞ。どこだろう〉から、とらは腹が空いているらしいことがわかります。とらという人物は腹を空かせていて、何かを食べたがっているという**人物の条件**がわかります。

しかし、おりに入って出られなくなったときのせりふ〈助けてくれ。……だれか、助けてくれ。〉や、おじいさんに頼むときのせりふ〈おじいさん。……出られなくなっちゃった〉から、あれほど威張っていたとらなのにことばにもなく、意外と間抜けで、情けない人物であることもわかります。ここにもクスッと笑ってしまうユーモアを感じます。

◇おじいさんのせりふから基本的人物像

おじいさんのせりふから〈そうらしいね。わなにかかったんだものね〉〈そんなことをしたら、おまえさんは、すぐにわしを食べちゃうだろう〉〈じゃ、わしを食べないね。きっと食べないね〉〈それなら、出してあげよう〉とらの窮状を見て、助けてあげようとするやさしい人物であることがわかります。とらは、自分を食べるかもしれないので、約束をきちんとしてから、出してあげています。一応の警戒心はもっているのです。約束を大事にする人物なのでしょう。

◇同化体験と異化体験

ところが、とらはおじいさんをだまします。うそつきなとらの人物像がはっきりしてきます。〈めしはすんでるんだ〉〈食べたりなんかするもんか〉と言っていたのが、〈やっとばんめしにありつけたぞ。実は、おれさまは、はらぺこなんだ〉と今にも食べてしまいそうです。そのうえ〈ぐずぐず言わずに、さっさと食べさせろ〉などと偉そうに言います。読者はそんなこと言ってないでさっさと食べればいいのにと、ちょっと笑ってしまいます。それに対して〈そんなむちゃな。助けてもらっておいて、わしを食べるなんて〉とおじいさんは言います。おじいさんの側から言えば、助けてあげたのだから、お礼を言われて当たり前で、約束を破って助けてもらった人を食おうなどとは、あまりに理不尽なことだという思いがあります（おじいさんの身になって考える**同化体験**）。しかし、〈つまらんことをききたがるもんだ。みんな、むちゃじゃないと言うに決まっているさ〉と、とらは、うそをついたことはまったくの反故にして、腹が空いている強い自分が弱いものを食べるのは当たり前のことで、少しもむちゃではないと考えています（とらに同化体験）。

しかし、読んでいる読者はどう感じるでしょうか（**異化体験**）。とらは実に自分勝手です。助けてもらっておいてそんな仕打ちはないだろうと、普通は考えます。そして、このおじいさんに同情してしまいます。そして、何とかならないものだろうか（読者の願い）、これからどうなるのだろうと物語に引き込まれていきます。こうした観客や読者の願いや体験がその後の展開を違和感なく受け入れていくことになります。

おじいさんの〈おまえさんがわしを食べるというのが……みんながむちゃでないと言ったら……だけど、一人でもむちゃだと言ったら、わしを村に帰らせてくれないといけないよ〉のことばにおじいさんがとらのことばに納得できず、第三者に判定してもらおうと考えていることがわかります。とらは、自分の言っていることは当然のことで、みんながおじいさんに同意するはずがないと考えています。〈つまらんことをききたがるもんだ。みんな、むちゃでないと言うにきまっているさ。……なっとくがいったら、すぐにもどってくるんだぞ〉と応じます。ここに**おじいさんの認識ととらの認識にずれ**があることがわかります。読者はもちろんおじいさんの言うことが正しいと思っていることでしょう。きっと、みんなはおじいさんに味方するだろう、味方してほしいと思います。読者は劇のなかではどう展開するのか知りたくなります。当たり前のことが当たり前に展開しないおもしろさが劇にはあると期待できるからです。

◇観客・読者の期待をうらぎる「木」「牛」「道」

おじいさんは「木」「牛」「道」に会い、次々にとらがいかにむちゃであるかということを語ります。そのせりふは少しずつ違います。この違いを比べてみましょう。

最初は〈○さん、○さん聞いとくれよ〉で始まります。しかし、最後の「道」になると、〈道さん、道さん。わしの言うことを聞いとくれよ〉と、この呼びかけから最後の頼みの綱の「道さん」に何としてもこの自分のことを聞いてほしいという思いが表現されていることがわかります。そして、「木」には〈そんなむちゃなことって、あるだろうか〉〈そんなことって、あるだろうか〉と言い、「牛」「道」に対しては〈そんなおん知らずなことって、あるだろうか〉と変化しています。むちゃで、恩知らずで、当然のことというおじいさんの思いが**変化・発展**し、反復・強調されています。

しかし、そのおじいさんの思いや、それに同化する読者の期待を裏切って、「木」は「人間たち」がいかにむちゃであるかを言い募ります。〈じいさんや。まあ、そうなげきなさんな〉となぐさめているのですが、ちょっと、えらそうな物言いです。〈わしなんか、えだをはり、葉をしげらせて……雨宿りをさせてやったりしてやっているのに〉と、「木」が人間にしてやっていることを〈~やったり、~させてやったり〉ということばをつなげて言っています。少しえらそうな上から目線のことばです。〈それなのに〉と逆接の接続詞を使って、〈人間は、わしの大事なえだを切って、たきつけに持ってってたりするんだ。まあ、しかたがないから、とらに食べられてやるんだな〉と言います。当然お礼を言うべきところを、逆にその枝を切り落とし、しかもたきつけにしてしまうという理不尽なことをしている。人間もとらと同じことをしているのだから、とらの言うことはむちゃではないというのです。読者は「木」がおじいさんに味方してくれるといいなと願っているのですが、その期待は見事に裏切られます。読者はちょっとえらそうな「木」のことばに納得してしまいます。納得してしまうと同時におじいさんはどうなるのだろう。そして、自分たちもとらと同じような身勝手なことをしてるのだなあ、とちょっと恥ずかしくなります。

◇人間の理不尽さの類比

そして、次は「牛」です。「牛」も「木」と同じように、慰めのことばから、始まります。同じようなパターンで〈わしなんか、こうして、朝からばんまで、人間のためにはたらきどおしなんだ〉と牛が人間のためにしてあげていることを言い募ります。やはりちょっと偉そうな感じがします。〈それなのに〉と人間がありがたがることを期待する牛の思いと違って、〈ありがたがるどころか、むちでピシピシやって、もっとこき使おうとするんだ〉と言います。やはり、「牛」は観客や読者の期待に反して、人間の理不尽さをなげきます。牛が言うことをおじいさんが「牛」に直接したわけではないけれど、確かにむちでピシピシとやって、こき使うなどとひどいことを人間はしています。読者は納得せざるを得ません。つまり、ここで人間の理不尽さが類比され、反復・強調されます。それと同時におじいさんがとらに食べられるのはしかたがないのかという読者の不安と、おじいさんを何とかしてあげたいという願いも大きくなってきます。

最後は「道」です。「道」のせりふのパターンも前の二つと同じです。〈おん知らずは、人間もとらも、おんなじさ〉とはっきりと言われてしまいます。「道」の言うことに読者も納得せざるを得なくなり、恥ずかしさとともに、やはりとらに食べられるしかないのかと、がっかりします。やはり、人間の理不尽さが類比され、読者の興味、関心、何とかしてあげたいという願いが大きくなっていきます。

おじいさんは、〈おう、おう、だれも……分かってくれる者はいない。これじゃ、もどっていって、とらのばんめしになるよりしかたがあるまい〉と言います。自分の言い分を理解し、味方してくれる者がいないことを嘆きつつ、とらとの約束なので、もどっていって、食べられる覚悟をします。おじいさんの嘆きを聞きつつ、読者のなんとかしてあげたいという願いはさらに大きくなります。

さて、おじいさんがむちゃかどうか聞いたのは、なぜ他ならぬ「木」「牛」「道」なのでしょうか。その三つはどれも人間に身近であり、そのイメージはいかにも誠実そうで、うそなどつきそうにありません。ですから、読者はおじいさんの味方をしてくれるだろうと期待してしまいます。しかし、人間のほうはそれらを当然のごとく人間のために利用しているものです。一面的な見方ではなく、相手の立場にたって見るとまったく別の見方になることがこの三つの登場人物によって知らされることになります。とらと同じような理不尽なことを人間も自分が気づかないままやっていたのです。

◇きつねの人物像

きつねは、前の三人と違って、自分から〈おじいさん、おじいさん。どうして、そんな悲しい顔をしているの〉と声をかけます。きつねは、おじいさんの様子を見て、心配して声をかけたのです。つまり人の悲しみを感じ、自分から声をかけ、なんとかしてあげたいという心やさしい人物であることがわかります。そして、好奇心の強い人物なのでしょう。そのことばも実に丁寧でやさしいのです。

しかし、読者がきつねにいだくイメージはどうでしょう。ずるがしこい、うそつきというイメージがついてまわります。読者はそのきつねが声をかけたのですから、何かひどいことにならなければいいけれど、と不安をもつと同時にずるがしこいイメージのきつねですから何か知恵をもっているかもしれない、と一方では期待します。

◇初読と再読

おじいさんが説明しますが、きつねは〈ぼくには、おじいさんの言うことがさっぱり分からない。こんがらがってしまって。いっしょにとらのところへ行って、よく話を聞いてみよう〉と言います。こんな簡単なことをわからないというきつねです。おじいさんは、なぜきつねがそんなことを言うのかわかりません。もちろん観客や読者も**初読**ではわかりません。読者は「なんてばかなんだろう。なんだかたよりないなあ。」と感じます。

しかし、**再読**になると、登場人物のおじいさんは知りませんが、結末を知る読者はなぜきつねがそんなことを言ったのかわかります。おじいさんにさえも自分の考えを言わずに、とらとおじいさんをあざむいて危機を乗り越える知恵をもっているきつねの賢さがわかり、読者は、感心してしまいます。

相変わらず、とらはえらそうに、〈やっと、もどってきたな。さあ、早く食べさせろ〉と言いますが、きつねとのやりとりが始まります。とらの横柄な物言いに対して、きつねは実に丁寧なことばづかいです。ここにもきつねの相手を尊重する人物像が表現されます。〈ぼくには……さいしょから、くわしく話してくれませんか〉と言います。

とらの説明に対して、〈それなら、お礼をいわなくちゃね〉と応じます。すると、とらは〈だから、食べてやると言ったんだ。助けてくれたお礼にね〉と言います。お礼が、食べることだと言うのです。このお礼はなんだか変です。読者はとらの勝手なお礼にいやな感じがしてしまいます。

きつねは〈どうも、よく分からないな〉と言いますが、読者の予想に反して、きつねは、このお礼がわからないというのではなく、〈おじいさんがおりの中にいて、それから―、とらさんがやって来て……おじいさんは、ありがとうも言わない〉と、とらと、おじいさんがしたことがまったく逆になっています。ここもとても笑えてきます。読者は初読ではなんてばかなこというきつねだろうと思いますが、とらはさらに間抜けで、〈ちがう、ちがう……こんなふうに〉と言いながら自分からまた、おりの中に入って説明します。なんて間抜けなとらでしょう。最初に威張っていただけに笑ってしまいます。

◇本当の賢さとは

もちろん、きつねが急いでおりの戸を閉めます。つまり、きつねは、このようになることを予想して、とらがおりに入るのを待っていたのです。読者は、自分から入るように、きつねがおろかな人物であるかのように振るまっていたのだということがわかります。それがとらにはわからない。ですから、〈じいさんや、もう一度出しておくれよ。さあ、早く〉などと、頼んでいます。笑ってしまいます。ト書きで〈(おじいさんはげらげらわらいだす。そして、きつねに向かって。)〉とあります。とらの愚かさと、きつねの知恵の見事さがおじいさんの笑いを生み出したのでしょう。おじいさんはすべてを理解し、きつねの賢さに感心し、とらとは違ってお礼を言います。〈なるほど、なるほど、きつねどん。あんたはちえ者だね。わしは、あんたに、うんとありがとうを言わなくちゃならないね。〉

きつねも自分のはかりごとがうまくいって〈ゆかいゆかい。今夜は、おじいさんもぼくも、さぞよくねむれるでしょうよ〉と言います。つまり、きつねもとらになやまされていたことがわかります。とらの情けない姿を〈出してくれ。出してくれ。助けてくれ。助けてくれ〉のせりふが描き出しています。

ト書きでは、〈(ジャングルでは、とらのわめき声が聞こえても、ぞうもさるたちも、平気で遊び回っている。)〉とあります。とらの最初のせりふに出てきたぞうとさるです。最初のとらのせりふにあるぞうとさるの姿との対比で見ると笑えてきます。また、とらの情けない姿と遊び回るぞうとさるの対比で想像して見てもなんとなく笑えてきて、ユーモアを感じます。ジャングルに平和がきたことがわかります。

とらは〈ああ、あ。このあわれなはらぺこのとらを、ここから出してくれる者はだれもいないのか〉と言っています。最初のとらと対比してみると、はじめはあれほど、威張って自分の強さを自慢していたのに、実に情けなく、対比されるからこそ情けなさがより強調されます。

さて、なぜおじいさんは食べられることもなく、ジャングルに平和がもどってきたのでしょうか。それは、もちろん、きつねの行動によるものです。

自分や自分をとりまく人間たちの悲しみや、問題に対して、見過ごすことなくなんとか解決したいというやさしさがあったのです。そして、たとえ自分がおろかな人物と見られても、その大きな目的のために行動したからこそジャングルが平和になったのです。

本当の賢さ(知恵)とは何か。一面的にただものごとを知っているということではないのです。やさしさに根ざした問題解決のために、深い考えをもとに行動し、目的を果たす力こそが本当の知恵といえるのではないでしょうか。この脚本により、本当の知恵とは何かを学ぶことができます。本当の知恵とは、相手を見ずに自分勝手に判断するのではなく、相手の言動からどんな考えをもっているかをまず知り、相手にあった対応をするということです。また、自分の側からだけではなくものごとを相手の立場にたって、多面的に見ることも本当の知恵です。

（後藤美智子）

おわりに

本書は旧『教科書指導ハンドブック』（新読書社・二〇一一年刊）を基にして、二〇一五年度版教科書（光村図書）に合わせて改訂したものです。西郷文芸学理論と教育的認識論に依拠して教科書教材を分析・解釈し、授業化する際の重要な観点を示した内容となっています。

文芸教育研究協議会に所属する全国のサークル員が各単元を分担執筆していますので、文芸研で使用する用語の解説が重複している部分もありますが、読者のみなさんがどこから読み始めても理解していただけるように、あえてそのままにしてあります。また、重複はしていても決して矛盾はしていないはずです。五〇年にわたる文芸研の理論と実践の研究は集団的に積みあげられてきていますので、本書のどのページを開いていただいても、整合性のある文芸研の主張が読みとっていただけるものと思います。

さて、昨今の国語科教育の現場を俯瞰すると「言語活動の充実」「単元を貫く言語活動」ということが声高に叫ばれ、リーフレットづくり、ペープサート、音読劇、読書発表会などを中心にすえた単元構成学習が極端に多くなっています。授業で学んだことを表現活動に生かすこと自体に反対するものではありませんが、文芸を文芸として（作品を作品として）読むことの軽視、あるいは無視については看過するわけにはいきません。

これまで国語の教室で大切にされてきた、教材に向き合って場面ごとにイメージと意味の筋を追い、読み深め、子どもたちが多様な読みを交流し合い、語り合う授業は、今や「古い授業」と批判の対象にさえなっています。多くの国語教師は、深い「教師の読み」があってこそ子どもたちに真の国語科の力が育つと信じ、全力を傾けて教材研究に打ち込んできたものですが、近年横行している、ほんの二〜三時間で教材の「あらすじ」を確認したら残り時間は「言語活動」に充てるという授業なら、教材研究など必要ないでしょう。しかし、そのような授業をしていては、国語科で育てるべき学力が子どもたちに身についていくはずがありません。深い教材研究と教授目標の明確化こそ、多様な子どもたちの読みを意味づけ、立体化・構造化し、真の意味で子どもの主体的な学びを保障することになります。

今こそ、深い教材研究に根ざした国語の授業の創造が求められています。本書が、全国の先生方の教材研究の一助になり、子どもたちが楽しく、豊かに深く学ぶ授業につながっていけば幸いです。

また、本書では紙幅の都合で詳細な授業構想・授業記録についてふれることはできませんでしたが、それについては、今夏、新読書社より刊行予定の『文芸研の授業シリーズ』（教材別・小学校全学年・全十八巻予定）をご参照ください。

編集委員会

	7「こまを楽しむ」
	10「たのきゅう」
村尾　聡（兵庫文芸研・赤相サークル）	11「もうすぐ雨に」
	14「里山は未来の風景」
	16「山のてっぺん」
	27「雪」
	28「ゆき」
吉村真知子（大阪文芸研・枚方サークル）	15「わたしと小鳥とすずと」（加筆）
	18へんとつくり（加筆）
野澤有香（大阪文芸研・枚方サークル）	19ローマ字（加筆）
二村知幸（大阪文芸研・枚方サークル）	22「すがたをかえる大豆」（加筆）
	30「ありの行列」（加筆）
後藤美智子（大阪文芸研・枚方サークル）	29「雪」
	34「とらとおじいさん」
野澤正美（大阪文芸研・枚方サークル	33「モチモチの木」（加筆）

指導案例・板書例執筆者紹介（執筆者順）

奥　葉子（大阪文芸研・枚方サークル）	2「きつつきの商売」【指導案例】
	24「三年とうげ」【指導案例・板書例】
	33「モチモチの木」【指導案例・板書例】
大柿勝彦（熊本文芸研・人吉サークル）	7「こまを楽しむ」【指導案例・板書例】
北村　修（大阪文芸研・枚方サークル）	20「ちいちゃんのかげおくり」【指導案例・板書例】
松山幸路（大阪文芸研・枚方サークル）	22「すがたをかえる大豆」【指導案例】
田口陽介（大阪文芸研・枚方サークル）	30「ありの行列」【指導案例・板書例】

教材分析・指導にあたって	編集委員
おわりに	編集委員

執筆者紹介（執筆順）	**執筆担当教材名**
西郷竹彦〈文芸研会長〉	中学年の国語でどんな力を育てるか
	2「きつつきの商売」
	3 国語辞典のつかい方
	4 漢字の音と訓
	15「わたしと小鳥とすずと」
	18 へんとつくり
	19 ローマ字
	20「ちいちゃんのかげおくり」
	21 修飾語
	22「すがたをかえる大豆」
	24「三年とうげ」
	30「ありの行列」
	33 「モチモチの木」
福﨑健嗣（大阪文芸研・枚方サークル）	1「どきん」
	3 国語辞典の使い方（加筆）
奥　葉子（大阪文芸研・枚方サークル）	2「きつつきの商売」（加筆）
	24「三年とうげ」（加筆）
山中尊生（大阪文芸研・枚方サークル）	4 漢字の音と訓（加筆）
	21 修飾語（加筆）
上西信夫（千葉文芸研・松戸サークル）	5 よい聞き手になろう
	8 俳句を楽しもう
	9 気になる記号
	12「ありがとう」をつたえよう
	13 本を使って調べよう
	17 つたえよう、楽しい学校生活
	23 短歌を楽しもう
	25 たから島のぼうけん
	26 言葉を分類する
	31 しりょうから分かる、小学生のこと
	32 ことわざについて調べよう
大柿勝彦（熊本文芸研・人吉サークル）	6「言葉で遊ぼう」

【監修者】
西郷竹彦（さいごうたけひこ）
文芸学者・文芸教育研究協議会会長

【編集委員】五十音順　＊は編集代表
上西信夫（千葉文芸研・松戸サークル）
奥　葉子（大阪文芸研・枚方サークル）
曽根成子（千葉文芸研・松戸サークル）
髙橋睦子（青森文芸研・津軽サークル）
藤井和壽（広島文芸研・福山サークル）
村尾　聡（兵庫文芸研・赤相サークル）
＊山中吾郎（千葉文芸研・大東文化大学）

光村版・教科書指導ハンドブック
新版　**小学校三学年・国語の授業**

2015年5月9日　初版1刷

監修者　西郷竹彦
編　集　文芸教育研究協議会
発行者　伊集院郁夫
発行所　（株）新読書社
東京都文京区本郷 5-30-20　〒 113-0033
電話 03-3814-6791　FAX03-3814-3097

組　版　七七舎　　印　刷　日本ハイコム（株）
ISBN978-4-7880-1192-2 C3037

新読書社の本

光村版・教科書指導ハンドブック

●新版　小学校一学年・国語の授業　A5判　一八六頁　一七〇〇円
●新版　小学校二学年・国語の授業　A5判　一六四頁　一七〇〇円
●新版　小学校三学年・国語の授業　A5判　一八〇頁　一七〇〇円
●新版　小学校四学年・国語の授業　A5判　一七二頁　一七〇〇円
●新版　小学校五学年・国語の授業　A5判　一七二頁　一七〇〇円
●新版　小学校六学年・国語の授業　A5判　一五八頁　一七〇〇円

（価格は本体価格）